Sortir des quarantièmes rugissants

Du même auteur

Romans

Sortir des quarantièmes rugissants BOD

Chroniques marocaines – BOD

Livres enfants

Célia et le lapin aux grandes oreilles BOD

En cours de réalisation

Célia et les grues cendrées

Célia et l'éléphanteau d'Anghor

Une annonce qui bouleverse plusieurs vies

Lundi 28 septembre 2004, hôpital d'Avignon, service de médecine interne. Le médecin au doigt coupé entre dans ma chambre, il est accompagné du chef de service, une femme. Tous les deux sont souriants, le médecin tient un carton bristol blanc dans la main droite, il me dit :

– Bonjour, je peux m'asseoir ?

J'acquiesce et glisse mes jambes sur le côté gauche pour lui laisser de la place. Ils sont proches de moi. Je suis presque gênée de cette proximité peu habituelle. Le médecin me regarde dans les yeux, la femme est restée debout, un peu en retrait.

– Nous avons les résultats de vos analyses, vous avez une leucémie myéloblastique aiguë.

– Put… Le mot m'échappe.

– Restez polie, ironise gentiment le médecin. Il va vous falloir beaucoup de courage, six mois de traitement puis six mois de convalescence. J'ai confiance, vous êtes une battante.

Une minute interminable s'écoule avant que je reprenne la parole :

– Et après, je serais guérie ?

Le médecin et le chef de service échangent un regard avant de me répondre :

– Bien sûr.

Le sourire n'a pas quitté leurs visages et ma réaction les a certainement soulagés. Ils ont compris que je vais me battre.

Le médecin note en haut et au milieu du bristol :

Leucémie Aiguë myéloblastique – LAM 4

Puis, en s'appliquant, il détaille les phases du traitement pour une lecture à tête reposée. Je suis abasourdie, je regarde les mots, les flèches. Tout s'emmêle, le chaos, impossible de me souvenir du nom de la maladie dès que je quitte le bristol blanc des yeux. Un effort de mémoire surhumain se conclut par : j'ai une Mélusine. Le médecin a terminé, il me dit en s'apprêtant à sortir :

– Je dois vous faire une nouvelle ponction de moelle, nous devons en savoir plus sur votre maladie avant la mise en route du traitement.

Je lui demande de disposer d'un moment pour me rendre au parc. Il répond gentiment :

– Oui, allez-vous promener et prévenez-nous dès votre retour.

La semaine dernière, une analyse de sang catastrophique m'a amené dans ce même service. Je connais bien le parc pour l'avoir arpenté la semaine dernière, en pleurs, sans vraiment en comprendre la raison. J'adore ses grands arbres, ses petits chemins et sa forêt de bambous au centre.

Aujourd'hui, il y a trop de monde pour que je puisse me livrer à mon exercice favori : m'adosser longuement au tronc d'un arbre. Je souris béatement à des malades sur des chariots ou assis dans des fauteuils roulants qui se ressourcent, comme moi, au contact de la nature. Le monde de la maladie m'envahit, me saute au visage. Je pleure toutes les larmes de mon corps en marchant comme un automate. Mes pensées sont confuses : que dois-je faire ? Comment ? Dans quel ordre ? Prévenir ma fille, Manon, que j'ai une Mélusine ? J'ai de nouveau oublié le mot et je vais mettre bien des jours avant de l'inscrire dans ma mémoire.

Qui est cette Mélusine ? Pourquoi décida-t-elle avec ses deux sœurs, Mélior et Palestine, d'enfermer dans une prison magique, leur père, Elinas, roi d'Écosse ? Pourquoi la fée Présine, leur mère, les accusa-t-elle d'être de mauvaises filles, sans cœur ? Pourquoi Présine maudit-elle Mélusine, sa fille aînée ? Elle lui dit : « Mélusine, chaque samedi, tu deviendras serpent du nombril jusqu'en bas.... » .

De retour dans ma chambre, je téléphone à ma fille, la fiche bristol à la main pour ne pas caler sur le mot leucémie. J'ai le ton de quelqu'un qui a une appendicite :

– Six mois de traitement, six mois de convalescence et après je suis guérie.

L'inquiétude de ma fille est palpable au bout du fil. Je la sens sous le choc.

La ponction de moelle osseuse

Je suis inquiète. La première ponction de moelle osseuse s'est faite en un temps éclair et m'a laissé une impression brutale. Je sors dans le couloir pour en parler à une infirmière :

– J'ai peur de la ponction, je n'ai pas eu très mal la première fois, est-ce toujours comme cela ?

– Restez calme et la plus détendue possible, c'est le meilleur moyen de ne pas avoir mal. N'ayez pas peur, le médecin en fait très souvent, il n'y a jamais eu de problème.

À peine, l'infirmière a-t-elle terminé ses recommandations que j'aperçois le médecin accompagné d'une interne poussant un chariot, ils se dirigent vers ma chambre. Je les rejoins. Allongée sur mon lit, le dos bien plat, l'interne couvre mon torse d'un drap troué d'un rond à la hauteur du sternum. Elle nettoie scrupuleusement la peau à l'endroit où va s'effectuer la ponction. L'opération est délicate.

– J'ai peur, dis-je, d'une petite voix étouffée par l'angoisse.

Le médecin me répond :

– Soyez sans crainte, je fais cela régulièrement et jamais aucun malade ne s'est plaint.

Il enfonce une seringue sous la peau, l'endroit devient insensible. Après m'avoir interrogé sur ce que je ressens, il pénètre plus profondément tout en injectant du liquide. Il atteint l'os. C'est une sensation très étrange, sans vraie douleur, mais avec la profonde impression que l'on touche à l'essence même de votre être. La seringue anesthésiante est remplacée par le trocart, long tube permettant d'extraire la moelle. Le médecin appuie fortement et perce l'os. Le temps me paraît long. Le médecin me dirige :

    – Vous allez souffler quand je vous le dirai : c'est le moment où l'on va aspirer la moelle.

    L'opération se déroule sans douleur. Cependant, une immense émotion me submerge et des larmes coulent sur mes tempes sans que je puisse les retenir. L'interne étale la moelle sur des lames de verre. La ponction est satisfaisante, on retire le trocart. Je respire à nouveau et des paroles reconnaissantes jaillissent :

    – Je n'ai pas eu mal, merci docteur.

Aucune trace laissée sur la peau. C'est terminé, l'interne pose un pansement.

Pendant toute la durée de la maladie, j'appréhenderai chaque ponction, et l'attente des résultats se fera toujours dans l'angoisse. Je me sentirai aussi vulnérable qu'une tortue sur le dos.

Le voyage à Bordeaux

Je n'ai pas vraiment pris la pleine mesure du propos du médecin lorsqu'il m'a dit :

– Il faudra être courageuse.

Néanmoins, en quelques heures, je comprends que je suis au bord d'un gouffre qui va m'aspirer et qu'il va falloir remonter pierre après pierre. Sans motif apparent, la vie bascule : cauchemars, souffrance physique et morale.

Ma fille m'annonce sa venue au téléphone, elle sanglote :

– Maman, ta maladie est très grave.

Je refuse la sévérité de la maladie et je m'applique à parler de guérison. Le lendemain, ma fille entre dans ma chambre d'hôpital, souriante et faussement désinvolte. Pas de pleurs, pas de plaintes, nous sommes unies contre la maladie dont elle seule mesure l'importance. Je me sens comme quelqu'un qui a eu un accident de voiture et qui, encore sous le choc, ignore la mort des autres passagers et son propre état. Manon dit :

– Il vaudrait mieux que tu sois hospitalisée à Bordeaux, ce serait plus facile pour nous.

Le médecin au doigt coupé partage ce point de vue. Il prend contact avec les hôpitaux bordelais : une place est libre à l'hôpital de Haut Lévêque, l'entrée est fixée au 8 octobre.

En un instant, la maladie a bouleversé plusieurs vies. Manon fait le choix de remettre à l'année suivante la préparation d'un DESS à Paris. Elle choisit de s'occuper de sa maman, de me soutenir pendant la maladie.

Mais comment se rendre à Bordeaux ? Le transport par ambulance suppose un délai : un accord préalable de la sécurité sociale étant indispensable. Une amie propose de nous conduire. Finalement, nous décidons d'effectuer le trajet avec ma voiture qui sera bien utile à Bordeaux. À ce moment, je pense encore pouvoir assumer un brin de conduite.

Le départ est fixé au lendemain. Avant, nous devons débarrasser quelques affaires dans un appartement de fonction que j'occupe dans un collège près d'Avignon. Une jeune voisine vient nous chercher à l'hôpital. Manon et Françoise entassent mes affaires pêle-mêle dans la voiture. Mes forces m'abandonnent, je ne peux plus rien porter, je suis devenue inutile.

La maladie est apparue soudainement et j'ai effectué la rentrée scolaire dans un état de fatigue extrême. À midi, épuisée, je rentrais dans l'appartement de fonction, avalais n'importe quoi, mettais le réveil à sonner et je tombais comme une souche pour une heure de sommeil. Très volontaire, je n'étais pas assez à l'écoute de moi-même et seule la présence d'aphtes douloureux dans ma bouche a permis de déceler la maladie. Ils ont nécessité une analyse de sang qui s'est révélée désastreuse.

Mes affaires s'entassent par strates de vie dans la maison. Manon, ma fille, en extrait ce qui parait essentiel pour un long séjour. Elle et Simo, son compagnon, viennent de louer une petite maison à Bordeaux : une échoppe, dit-on là-bas. Une chambre, heureux hasard, est disponible pour m'accueillir. Aussi, nous chargeons le coffre de la voiture de vêtements pour l'hiver, de la machine à coudre et d'autres objets. Je suis très fatiguée. Néanmoins, j'ai averti quelques amis de mon passage éclair. Ils me rendent visite, la maladie les rend mal à l'aise, l'atmosphère est tendue.

Nous mangeons tôt et nous nous couchons. La maison est petite, une seule chambre avec une mezzanine. Ma fille a installé un matelas sur le plancher près de mon lit. Je suis heureuse d'être là avec elle. Je m'enfonce dans le sommeil en bavardant. Manon dort mal, elle a trop de chagrin. À quatre heures du matin, elle propose de partir. Je prends une douche. Devant la glace du lavabo, mieux réveillée, je sens quelque chose qui me gêne entre la gencive et la lèvre supérieure. Mes doigts saisissent une matière gluante pleine de sang dont je me débarrasse avec dégoût. Cela me surprend et j'en fais part à ma fille qui me répond :

— Tes gencives saignent, maman, c'est une des manifestations de la leucémie.

Immense malaise. La prise de conscience et le réveil sont douloureux bien que j'essaie de n'en rien montrer. Je savais être en équilibre au bord d'un gouffre, ce matin, mon regard intérieur appréhende la profondeur des ténèbres que je vais devoir traverser. Ma fille, dotée d'un esprit scientifique, comprend mieux la nature de la maladie. Pour ma part, je choisis de faire l'autruche. Je ne veux rien savoir sur la maladie, sur ses statistiques et sur mes chances de survie. Je préfère envisager la peine et la souffrance au jour le jour.

Le cancer vous occupe à plein temps, le jour et la nuit, tout change très vite. De terribles angoisses se succèdent sans vous laisser le temps ni de souffler ni de réfléchir. La maladie est imprévisible. Votre corps ne vous obéit plus, il vous affole. C'est un bateau jeté sans ménagement dans la furie des quarantièmes rugissants. Au creux vertigineux, se substitue une vague immense qui grandit démesurément avant de déferler. Le combat se mène avec chaque vague, celle-ci à peine passée, une autre arrive. Pas de répit. Pauvres hommes de la terre ferme, que savons-nous de la houle, de sa force d'anéantissement, du combat à la vie à la mort qu'elle impose au navigateur ? Que doit-il faire pour survivre aux éléments déchaînés ?

La réponse semble simple : il suffit de garder le cap et le cœur bien ouvert pour ne pas avoir peur. Malheureusement, lorsque vous êtes malade, l'épuisement vous ôte vos forces et cela devient rapidement très difficile.

Petit déjeuner puis rituels pour fermer la maison en prévoyant l'hiver. Toutes ces corvées sont faites en un clin d'œil. La nuit enveloppe notre départ, ma fille conduit. Je suis très fatiguée mais sereine. Le jour commence à poindre lorsque nous prenons l'autoroute à Orange. Manon me parle de l'échoppe qu'ils ont louée, elle et Simo, nous discutons de son aménagement.

Mon corps est très douloureux, mon dos surtout. Exténuée, je suis incapable de conduire, Manon devra le faire seule, bien qu'elle ait obtenu son permis récemment. Après avoir roulé deux cent kilomètres, je lui demande de s'arrêter car je souffre trop. Je voudrais pouvoir m'allonger un petit moment. Dehors, l'air est humide. Aussi, je m'étends sur le chargement à l'arrière de la voiture. Cela me soulage et je m'endors quelques minutes.

J'imagine que ma voiture est un corbillard et cette vision me fait sourire. Nous aurions pu prendre une ambulance, mais je préfère de loin la formule mère fille avec ce petit côté nomade qui nous caractérise. Malgré la douleur, j'écoute ma fille me parler de ses projets et le voyage est agréable. Nous arrivons à Bordeaux en début d'après-midi, mon barda de malade est ajouté aux cartons du déménagement entreposés dans l'échoppe.

L'hôpital de Haut-Lévêque

Le lendemain, mon arrivée à l'hôpital de Haut-Lévêque est bien ordinaire. Il est quatorze heures et je patiente dans la salle d'attente, la chambre que je vais occuper doit être nettoyée et désinfectée. Trop fatiguée, je me suis allongée sur la banquette, mon portable sonne. C'est une responsable administrative du rectorat. Pleine de tact, elle m'annonce :

– Avec ce que vous avez, je vous ai sortie du corps des adjoints par intérim.

Quelle délicatesse ! Je sais que la maladie fait peur et que certains ne savent pas toujours comment réagir. Mais heureusement, d'autres personnes de cette administration sauront se montrer très humaines. À cet instant, je me dis que j'ai bien d'autres chats à fouetter !

J'occupe une chambre seule. Les médecins T et C nous rendent visite pour un premier contact et une explication en détail du protocole des soins. Le ton est léger, sympathique, optimiste bien que réaliste. Comme à Avignon, le bristol blanc est là : il décrit les phases du traitement. Un trait dans la largeur représente la vie. Après le traitement, il est complété de petites flèches vers le bas, elles illustrent les rechutes qui pourraient être fatales.

De la patience, encore de la patience, il me faudra cinq années avant que la médecine me déclare définitivement guérie. Les docteurs T et C nous proposent de participer à une étude nationale sur les thérapies leucémiques. Cela signifie expérimenter de nouveaux médicaments et à accepter un choix aléatoire en fin de traitement : une chimio de consolidation ou une autogreffe. Cette dernière consiste à extraire les cellules souches du sang et à les réintégrer en temps voulu. Actuellement les résultats entre les deux thérapies sont identiques. J'accepte. Pourquoi ne pas apporter sa contribution à l'avancement de ces travaux ?

J'appréhende difficilement le contenu médical exposé par les médecins, l'émotion est trop forte, mon cœur se met à battre lorsque l'on me parle, la compréhension ne suit pas. Le stress m'abrutit. Il me reste en mémoire uniquement les passages qui me font peur. La patience des médecins n'y fera rien, la panique est trop grande.

Une nouvelle ponction s'impose avant la première chimio. C'est un médecin marocain que l'administration des hôpitaux a recruté sur concours spécial qui s'en charge. Sympathique, il se livre à quelques confidences sur son installation tout en préparant le matériel nécessaire à la ponction de moelle. Sa femme a réussi le même concours que lui et ils viennent de trouver un appartement à Bordeaux. Il compte acheter une voiture pour effectuer les trajets jusqu'à l'hôpital... De mon côté, j'ai pris la ferme décision de rester sereine.

Pendant la ponction, je m'applique à respirer et mon sternum, très mobile, monte à l'inspiration et descend à l'expiration. Mon regard glisse vers le visage du médecin, il est blême et transpire à grosses gouttes. Son assistant que j'aperçois dans le fond de la chambre semble aussi très mal à l'aise. La ponction terminée, nous échangeons quelques mots. Je leur dis :

– J'ai essayé une nouvelle méthode : je maîtrise ma respiration pour garder mon calme pendant la ponction. Après s'être tourné vers son assistant, le médecin marocain me confie :

– Je pensais que vous souffriez beaucoup, votre sternum montant et descendant, cela a été une des ponctions les plus difficiles que j'aie eu à faire jusqu'à ce jour.

Je suis décontenancée d'avoir créé tellement de difficultés et je promets de rester bien allongée et immobile la prochaine fois.

L'atmosphère du service est détendue, du moins personne ne laisse transparaître ses doutes ou ses inquiétudes. Les infirmières et les aides-soignantes sont gaies et disponibles. Lors de leurs passages, elles ont toujours un mot gentil, une attention.

Pourtant dans la chambre d'en face, lorsque sa porte et la mienne sont ouvertes, j'aperçois un homme très malade. Il est squelettique, décharné, et malgré ses souffrances il garde le sourire. Les infirmières le disent très courageux. Il est régulièrement pris de quintes de toux, c'est horrible, j'ai l'impression que ses poumons se déchirent. Je n'ose pas lui rendre visite de peur d'être contaminée.

Plusieurs fois par jour, quand je suis dans l'encadrement de la porte, nous nous adressons un petit signe amical de la main. Une fois par semaine, j'entends ses enfants, deux garçons, rire, s'amuser et courir dans le couloir. Souvent, en fin d'après-midi, le plus jeune des deux s'énerve et pleure. C'est le signal du départ.

Prise dans ma propre histoire, je vais perdre de vue ce malade. Un jour, je voudrais prendre de ses nouvelles auprès d'une infirmière :

– Comment va le monsieur aux petits enfants ?

– Il est parti en maison de repos, me répond-elle.

Mon regard l'interroge pour en savoir plus. Bien que cela lui soit interdit, elle m'avoue qu'il est décédé. J'aurai souvent une pensée pour lui. Pourquoi certains sont-ils amenés à tellement souffrir avant de mourir ?

Le secteur stérile

La première chimiothérapie débute le 13 octobre 2004.

L'infirmière, tôt le matin, accroche au pied médical les médicaments de la chimiothérapie qui vont s'écouler dans mon corps par le cathéter. Le traitement est accompagné d'une hyperhydratation et de la prise d'anti-vomitifs. Le plus clair du temps, je sommeille, et commence à ressentir un malaise le deuxième jour, mais rien de vraiment insurmontable. Pas de vomissements, uniquement quelques envies de cracher. Le quatrième jour, le résultat de l'analyse quotidienne de mon sang montre que mes défenses immunitaires sont basses : l'aplasie débute.

Le 19 octobre, le moment est venu d'intégrer le secteur stérile à l'étage supérieur. À chaque étape, on me dépouille de mes oripeaux. Une première halte a lieu dans un vestiaire : je quitte mes vêtements personnels pour endosser ceux de l'hôpital. Ensuite, la salle de bain. L'infirmière m'aide à m'immerger dans un bain désinfectant, aucune parcelle de mon corps ne sera oubliée. Elle est particulièrement prévenante, elle sait que le moment de rejoindre la chambre stérile est très difficile. Malgré l'odeur, je profite du bain. Depuis le début de l'aplasie, ma toilette se fait au lavabo. De plus, je vais devoir rester entre quatre et six semaines cloîtrée, sans autre possibilité qu'un robinet d'eau stérile pour me laver.

L'infirmière m'accompagne jusqu'à ma nouvelle chambre, mon cœur se serre. L'endroit est petit, une large bande a été rognée pour construire un couloir vitré destiné aux visiteurs. Par la fenêtre, j'aperçois une belle forêt de pins au travers de bandes métalliques installées pour empêcher les suicides. En m'allongeant sur le lit, je constate qu'il va falloir vivre en permanence avec le bruit de la ventilation, juste au-dessus de moi…

Ici, le maître-mot est « stérile ». Tous les objets qui pénètrent dans la pièce doivent être préalablement autorisés et décontaminés. Les médecins, les infirmier-e-s et les aides-soignant-e-s se recouvrent d'une tenue stérile spécifique à ma chambre dès qu'ils franchissent la porte. Tous portent un masque. Je vais prendre l'habitude de les reconnaître à leurs allures et surtout à leurs regards.

Seulement deux personnes extérieures au service seront autorisées à pénétrer dans mon antre. Je choisis ma fille et son ami. Manon vient me voir tous les jours. Elle entre, masquée et recouverte d'une tenue stérile. Nous ne nous embrassons plus pour éviter toute sorte de contagion.

La nourriture aussi est stérile, tout est cuit et stérilisé. Les aliments sont insipides. Leur goût est de surcroît modifié par les médicaments : ils deviennent infects. Pas de crudités, pas de fromages, pas de produits laitiers, pas de fruits…

La fatigue que je ressens est immense et concerne tout mon être : physique, intellectuel, émotionnel. Je suis très diminuée, la moindre activité me demande des efforts surhumains. Je ne m'habille plus. Chaque jour, je deviens de plus en plus faible et repliée sur moi-même.

Le moment est dur, le corps et le mental subissent de telles pressions que, le plus souvent, les endroits fragilisés craquent. C'est l'ulcération des muqueuses ou l'inflammation des poumons pour certains, le dysfonctionnement d'organes ou du cœur pour d'autres… La liste est illimitée, rares doivent être les malades qui n'ont pas une ou plusieurs misères supplémentaires. Avec humour, je dirais qu'il est préférable d'être en bonne forme physique et morale pour bien se soigner d'un cancer.

L'enfermement me déprime, les murs de ma chambre dont je ne sors jamais m'isolent du monde. Ma fille recouvre le mur qui est devant mon lit de cartes postales reçues des amis et d'une gravure de rose. Ces images me relient à l'extérieur. Cet internement-là, bien que différent de celui de la prison, me fait toucher du doigt la dureté de l'incarcération. Je n'ose pas imaginer mon état d'esprit si je devais rester dans cette chambre pendant plusieurs années.

Pour essayer de garder le fil de la vie, j'établis un programme quotidien d'activités. Le matin, les soins, le petit-déjeuner, la toilette qui se fait par petites étapes, m'occupent et me fatiguent assez pour mériter le repos de onze heures à midi. Puis, je mange et regarde les informations. J'essaie de m'asseoir dans le fauteuil pour manger, je ne réussis pas toujours. Certains jours, j'installe un scrabble sur la table, je me lève, joue quelques instants et fatiguée, je me recouche jusqu'à ce que mes forces me permettent de continuer. Sachant que ma fille va venir vers quatre heures, pour être en forme, je plonge dans une sieste réparatrice après le repas.

Lorsqu'elle entre dans la chambre, c'est toujours un moment extraordinaire. Ma fille adopte une attitude très positive et je ne suis pas autorisée à flancher. Pour occuper le temps, nous jouons au scrabble, aux cartes, à des jeux de société ou nous regardons tout simplement la télévision, souvent des reportages sur la cinq. Manon m'abreuve de saines lectures et j'ai bien du mal à assumer ses velléités culturelles, trop de difficultés à me concentrer. Dès que ma fille a fermé la porte, je plonge dans un repos réparateur en attendant le repas du soir puis les soins. En fait, je m'organise pour survivre avec le peu de force dont je dispose.

La nuit, je me réveille plus au moins lors des passages de l'infirmier. À quatre heures du matin, il prélève sur le cathéter le sang nécessaire à l'analyse quotidienne. J'en prends l'habitude et quelquefois je reste même endormie pendant le prélèvement.

Jusqu'alors, rien de particulier, dans les premiers jours de novembre, « je sors de l'aplasie » selon l'expression usitée et mon état général est très bon. Le retour à la maison est proche et cette idée me réjouit. J'ai quelques boutons sur le ventre que je dissimule à l'interne, je la trouve pointilleuse : je n'entends pas me laisser gâcher ma sortie. Un matin, impossible de les cacher, ils ont envahi toute ma poitrine et commencent même à s'étaler sur mes membres. La sortie est différée, je suis en colère, je manifeste mon désaccord. On me fait comprendre que mon courage est une grande force, mais que je dois aussi être patiente et obéissante.

Cependant, et en un seul jour, mon corps se couvre de petits boutons rouges qui me démangent terriblement et qui se transforment en pustules à une vitesse vertigineuse. Sur le plan hématologique, ma moelle est en rémission. Sur le plan infectieux, c'est une catastrophe, la situation s'aggrave à chaque minute, ma peau s'enflamme, je ne peux plus dormir et je ne résiste pas toujours au grattage. Le matin, les draps sont maculés de sang. Un interne extrait un bouton pour effectuer une biopsie. L'intervention est simple. Après cela, pendant le repas, une large tache de sang s'étale sur mon pyjama. L'absence de plaquettes rend mon sang très fluide.

Pourquoi cette éruption ? Les hypothèses sont multiples, infection virale, syndrome de Sweet, toxidermie, allergie médicamenteuse…. Les médecins doutent, par prudence, ils décident d'arrêter la prise de la plupart des médicaments. Les hémocultures n'apportent pas de résultats, seule la recherche sur le cathéter a révélé un staphylocoque épidermidis. Les médecins décident de verrouiller celui qui est en place et d'en poser un nouveau sur le côté gauche de la poitrine.

J'apprécie beaucoup le personnel du service de chirurgie chargé de poser les cathéters. Dès mon arrivée, le contact est chaleureux et je me surprends à raconter ma vie dans le détail : profession, famille, vacances, voyages…

Allongée sur la table d'opération, une infirmière me fait une visite guidée de mon « intérieur », je visualise mon squelette sur l'écran placé en haut et à gauche. Elle me montre aussi la place de mes différents organes et le tuyau du cathéter.

Puis, une autre infirmière désinfecte la peau de ma poitrine avant de la recouvrir d'un drap vert. Le moment venu, elle le relève de façon à cacher l'écran. Pendant l'opération, je sens le cathéter à l'intérieur de mon corps, et de temps à autre, je me manifeste par un minuscule couinement provoquée par une petite douleur. L'ambiance est sérieuse mais décontractée. Une infirmière dialogue avec moi pendant l'opération.

Je suis docile, c'est ma façon de coopérer avec les médecins. Je suis persuadée que je peux contribuer à me soigner. Cette attitude m'aide considérablement à supporter les souffrances et les angoisses. De retour dans ma chambre, je dors tout l'après-midi pour récupérer l'énergie dépensée.

Bien que je sois sortie de l'aplasie, je me sens mal, très mal. Mon état reste fiévreux. Pour saisir les germes présents dans le sang, les infirmières effectuent des hémocultures lorsque je frissonne. C'est le moment qui signe une décharge de bactéries dans le sang. L'attente des résultats est longue et ils sont toujours décevants. Je suis las des hémocultures, le prélèvement de sang ne peut pas se faire au cathéter. Les endroits accessibles de mes bras sont devenus douloureux.

Les fièvres ne me quittent plus

Le 16 novembre, pour poursuivre l'observation et les soins, je redescends à l'étage au-dessous. Les résultats de la biopsie cutanée effectuée en secteur stérile s'orientent en faveur d'une toxidermie. Les médecins décident de débuter une corticothérapie pour l'enrayer.

Je partage une chambre avec une autre malade. Sa leucémie semble moins méchante que la mienne et Michelle est dotée d'un tempérament fort. Elle lit en permanence, elle dévore au moins un livre par jour. Elle n'a ni enfant ni mari et c'est le plus souvent sa maman qui est à son chevet. Michelle est toujours bien habillée et bien coiffée, ce n'est que le soir que je comprendrais qu'elle a une perruque. Nous devenons rapidement amies malgré mon état comateux et la fièvre qui prennent de vilaines proportions.

Michelle puise ses forces dans la culture. Elle me dit :

– Je veux vivre pour écouter à nouveau un concert de musique.

Pour cela, elle est prête à tout supporter. Comme beaucoup, elle sera exaucée. Ses points faibles seront la bouche et les poumons. Le muguet lui rendra l'absorption des aliments très difficile et, même lorsqu'elle sera dans une autre chambre, je reconnaîtrai sa toux dans la nuit.

Chaque malade trouve ses ressources au plus profond de lui pour survivre. Pour les mamans avec lesquelles j'ai partagé la chambre, c'était souvent l'amour pour et de leurs enfants. J'ai souvent eu l'impression qu'elles luttaient pour les soustraire à la souffrance qu'elles pensaient leur imposer.

Les fièvres ne me quittent plus, je vis au rythme des montées et des descentes, de 40 à 36 degrés. Je perds de plus en plus conscience de ce qui m'entoure, les visites des infirmières et des médecins deviennent floues. Mon délire s'amplifie quand la fièvre est au maximum. Ma santé se dégrade et les médecins préfèrent que j'occupe une chambre seule. Je m'endors pendant les visites de ma fille et, de plus en plus souvent, je perçois sa présence d'une façon très lointaine.

Avec les quelques forces qui me restent, sans que ma volonté intervienne, je me tourne vers la religion. Bouddha est dans mon cœur. Cette prière, si j'ose l'appeler comme cela, me vient naturellement de rencontres faites en Orient dans ma jeunesse et de plusieurs séjours passés à Montchardon en Isère : haut lieu du Bouddhisme Tibétain. Une phrase prononcée par un lama me revient comme un leitmotiv :

– Quand on a été en contact avec l'enseignement du Bouddha, même si on l'oublie, il revient toujours à un moment ou à un autre de votre vie.

Le moment que je choisis est ultime, comme à mon habitude, j'attends toujours la dernière minute pour les choses essentielles.

Jusqu'à maintenant, j'avais toujours eu une santé physique exceptionnelle : jamais malade, je disposais d'une grande énergie. Mes problèmes se situaient plutôt dans la sphère sentimentale. Enfant naturelle, ma naissance ne fut guère appréciée et suivie d'une enfance sans amour qui n'a pas facilité ma vie d'adulte. Mon enfance est dure et solitaire. L'identité de mon père est tenue au secret par ma mère. La lettre qu'elle laissera à sa mort parlera d'un fardeau sans même lui donner mon nom.

Mon premier contact avec Montchardon relève de cette infortune. Je suis déstabilisée bien au-delà du raisonnable par une difficulté sentimentale de plus. Sans en comprendre les raisons, je prends contact avec cette communauté pour demander d'y séjourner quelques jours. La réponse est affirmative sans explication à fournir sur mes motivations. Je pars donc avec ma fille. Le lieu est encore très petit, l'ambiance familiale. Il y a là le lama Teunsang, une dizaine de résidents et quelques visiteurs. Nous sommes trois à dormir dans un dortoir : une jeune femme atteinte d'un cancer, ma fille et moi-même.

La jeune femme souffre beaucoup, elle me montre son sein rongé sous le pansement. Sur sa demande, je lui masse souvent le dos et j'effectue pour elle les menues tâches ménagères. Elle se confie à moi. J'aimerais me souvenir de toutes ses paroles.

Je me sens bien dans ce monastère et je participe avec plaisir aux tâches matérielles, les relations sont simples et amicales. C'est l'idée que je me fais d'une famille heureuse. Ce moment me réconforte et je souhaiterais séjourner dans cette communauté plus longtemps, mais je ne peux imposer ce choix à ma fille.

Je n'ai reçu aucune éducation religieuse. Mon grand-père était communiste et militant, ma grand-mère vouait à la Sainte Vierge une adoration exaltée. Une ribambelle de Saintes, toutes plus fluorescentes les unes que les autres, s'alignaient sur le buffet Henri IV de la salle à manger. Un singe en plâtre avec des yeux en verre marron s'agrippait aux torsades en bois de la porte droite. À côté, au-dessus du large bureau de mon grand-père, militant engagé dans la lutte des classes, une photo dans un cadre : le plénum du Parti communiste français, une centaine de bonshommes roides et austères.

La belle école laïque m'a donné la chance de sortir d'une situation familiale et sociale difficile et je suis restée attachée à ses valeurs. Pour moi, l'enfant doit rester libre de ses choix politiques et religieux.

Cet hiver-là, j'ai séjourné plusieurs fois à Montchardon. L'été suivant, je suis allée écouter des enseignements bouddhistes. Après chaque pause dans la communauté, je repartais dans la vie beaucoup moins angoissée. Au gré de mes déplacements, je chercherai des lieux de méditation sans vraiment les trouver. Mon lien avec le bouddhisme est épisodique et distendu. Mais sur ce lit d'hôpital, retourner à Montchardon m'apparaît indispensable.

La température baisse sous l'effet du doliprane. Cela s'accompagne de tremblements qui s'amplifient et, rapidement, je ne contrôle plus les soubresauts de mon corps. Ces mouvements convulsifs se doublent d'une sensation de plus en plus atroce de froid à l'intérieur du corps.

Le froid de l'hiver est bien différent, l'on peut bouger pour se réchauffer ou l'on rêve que l'on rentre chez soi, qu'il fait bon dans l'appartement ou au coin du feu. Cette simple pensée vous donne chaud. Ce froid-là n'a rien d'humain, il part de l'intérieur de mes os et se répand par vagues, je ne suis plus qu'un corps transi. Le doliprane continue son combat dans l'ombre. Tout d'un coup, je transpire. C'est un vrai soulagement. L'eau s'écoule de mon corps, mon dos se mouille. Je m'essuie le ventre et la poitrine à l'aide de ma chemise. Quel plaisir ! Cette suée me calme, mon corps se détend, ma tête est bien posée sur l'oreiller, je goûte l'instant et deux larmes coulent sur mes tempes. Déjà, la sueur me refroidit. J'attends quelques minutes pour être sûre que c'est terminé avant d'appuyer sur la sonnette. L'infirmière l'aura mise sous mon oreiller pour que je puisse la trouver facilement, sans effort. C'est la délivrance, l'infirmière et l'aide-soignante entrent dans la chambre, changent mon lit, m'essuient, m'aident à enfiler une nouvelle chemise bien sèche.

Le cycle de fièvre dure environ quatre heures. La nuit, les infirmières sont aussi présentes et à ma demande, elles me bichonnent. Le confort qu'elles m'apportent m'offre le répit nécessaire pour continuer à me battre contre la maudite fièvre. À leur entrée, le rituel est chaque fois identique :

– On vous change, Madame G.

Puis, l'une d'elles commence par tapoter l'oreiller, quelquefois, elle se contente de le retourner s'il n'est pas trop mouillé. Pendant qu'elles changent les draps de mon lit, je profite de ce moment pour aller aux toilettes et bouger mon corps trop douloureux. Le lit est fait en un temps record. Je m'y allonge avec délectation, il est tellement doux et sec.

Je leur adresse un « merci beaucoup » qui s'est mis à siffler, je ne sais pourquoi. La porte se referme, elles partent vers un autre malade à soulager. Je goûte encore la douceur du drap avant de m'endormir. Le sommeil va me ressourcer juste assez pour affronter la prochaine montée de fièvre.

La nuit, les souffrances sont crues et les plaintes des autres malades traversent les murs.

Les jours passent et je communique de moins en moins. Je ne perçois plus l'inquiétude des médecins ni celle de ma fille. J'ai pris huit kilos en quelques jours, je suis gonflée d'œdèmes. Mon visage est méconnaissable, je ne vois même plus mes yeux dans le miroir. D'ailleurs, je fuis mon image. Mes jambes sont bleues.

Mais, peu à peu, sans raison précise, les fièvres s'espacent et finissent par disparaître. Doucement, je reprends contact avec le monde.

Cette première phase de la chimiothérapie et ses complications m'ont beaucoup éprouvée et je suis dans un état de grande faiblesse après ces deux mois d'hôpital. Les reins, le foie, les poumons et surtout la peau ont terriblement souffert. Cependant, les médecins ne souhaitent pas attendre plus longtemps pour commencer la deuxième chimio. Ils me donnent seulement cinq jours de "vacances" pour reprendre des forces. Ils m'offrent ce petit répit pour soigner et remonter mon moral.

Cinq petits jours de répit pour reprendre des forces

Fin novembre, l'hiver est là. Je me suis habituée à l'ambiance feutrée et protectrice de l'hôpital. Chaque jour, on me fait des analyses. Quand cela devient nécessaire, on me transfuse du sang ou des plaquettes. C'est rassurant. J'ai à la fois envie de sortir et peur d'avoir froid et d'en tomber malade.

Quitter l'hôpital où je suis sans cesse surveillée, le jour et la nuit, m'angoisse. La visite, matin et soir, de l'interne ou du médecin est l'exutoire indispensable à mes petites misères. J'ai un besoin profond et quotidien d'entendre le discours apaisant du médecin. Sans m'en apercevoir, j'ai tissé pendant ces deux mois une relation de dépendance avec l'hôpital. Je suis convaincue que vivre là, proche des médecins, est le seul lieu où je puisse exister sans risques.

Je n'ai plus d'avenir, plus de projet, plus de désir. Je ne suis plus une femme, mon corps m'est devenu étranger. J'assiste aux perfusions, aux examens, aux soins prodigués en taisant ma souffrance à moi-même. Je ne me plains pas, je suis trop occupée à résister instant après instant, jour après jour.

Ma fille et Simo ont prévu de venir me chercher en voiture. À neuf heures, je suis prête. Les bagages sont faits, l'anorak attend sur le dos de la chaise à portée de main. Tôt, ce matin, j'ai procédé à une répétition générale de mon départ. Je me suis exercée à la marche dans le couloir et j'ai même pris l'ascenseur jusqu'au rez-de-chaussée. La porte de sortie est toujours là, je l'avais oubliée, cantonnée dans ma chambre et renfermée sur la maladie. Il est quatorze heures, Manon et Simo sont surpris de me trouver dans les starting-blocks. Bien que joyeux, le départ de ma chambre est un peu chancelant. Une infirmière commente une embardée non maîtrisée dans le couloir :

– Attention au roulis, dit-elle en riant.

Je descends maintenant les escaliers extérieurs encadrés par Manon et Simo. Mes jambes évaluent mal la hauteur des marches. L'air froid, en entrant dans mes poumons, me procure une incroyable sensation de vertige. J'ai l'impression d'être un nouveau-né qui déplie ses poumons pour la première fois : déchirement et plaisir se conjuguent. Marcher à l'extérieur de l'hôpital me fait mesurer mon état de fatigue. J'ai peine à lever le pied pour franchir le rebord du trottoir.

Malgré tout cela, nous sommes tous les trois contents, nous attendons cette sortie depuis tellement longtemps. Manon conduit la voiture, la vitesse me parait incroyable, j'en ai le souffle coupé. Sur la rocade, je suis paniquée et sans cesse, je demande de ralentir. Je ne serai plus jamais capable de conduire, me dis-je en mon for intérieur.

L'arrêt de la voiture devant la petite échoppe me soulage. Je pénètre dans cette maison comme une invitée de marque dans un château. Un couloir central avec une pièce à gauche : le salon. Sur la droite, ma chambre avec la salle de bain attenante. Au fond, une cuisine qui s'ouvre sur une toute petite cour cimentée. Une trappe dans la cuisine permet de descendre dans un sous-sol aménagé. Ma chambre est meublée d'un fauteuil pour lire ou regarder la télévision, d'une petite armoire où sont rangées mes affaires, d'une étagère pour les médicaments et les pansements et d'une autre pour les livres et objets divers. La maison est bien installée et ma chambre me plaît bien. Le frigidaire est plein à craquer. La diététicienne de l'hôpital a recommandé l'absorption de vitamines et de protéines en grande quantité. La maison se met à mon rythme, l'heure des repas est sacrée. Cela est bien loin de nos habitudes familiales, mais santé oblige. Après la nourriture fade du secteur stérile, j'apprécie les menus particulièrement bien soignés et variés. Le quatre-heures est officialisé.

Ces cinq jours vont être bien remplis. L'organisation des soins à l'extérieur de l'hôpital sera la première préoccupation. Puis, nous irons, ma fille et moi, nous ressourcer chaque jour au parc de Mussonville à Bègles. C'est un endroit formidable : pas de massifs soignés, pas d'allées rectilignes. La végétation est laissée libre avec de beaux arbres et une rivière. On y parcourt un secteur dit « humide » sur des passerelles. Ici et là, des coupes de bois. Certains endroits n'ont pas été défrichés, une vraie forêt. L'odeur du bois me transporte loin de la ville, dans mon enfance. Beaucoup de chiens. Leurs maîtres les emmènent dans ce parc pour qu'ils puissent y courir en totale liberté.

Mes jambes sont maigres, fragiles, et ne m'obéissent plus vraiment. Descendre une petite pente m'est impossible sans une aide appuyée de ma fille. Aussi, la plupart du temps, nous restons dans les chemins. À l'approche de la rivière, une montée s'avère infranchissable, ma fille marche devant, je calle et je chancelle. Elle me rattrape, j'ai eu très peur pour mon cathéter. Mon état physique est très dégradé, c'est mon amour de la nature qui soulève chacun de mes pas. Malgré ma peur de tomber, ma fille m'oblige à marcher le plus souvent possible sans son appui.

Manon a pris un rendez-vous avec un médecin du quartier qu'elle a déjà eu l'occasion de consulter et qui lui a semblé très humain. La salle d'attente est pleine, il faut patienter. Le médecin accompagne une vieille dame jusqu'à la porte, l'aide à descendre les deux marches et m'invite à rentrer dans son cabinet. Il a jugé la situation difficile et m'interroge, en me regardant droit dans les yeux, souriant :

– Que vous arrive-t-il ?

J'essaie de résumer la situation, ma mémoire fonctionne mal et ma fille complète mes propos. Il nous écoute attentivement. Il se lève, s'approche de moi et me dit :

– Maintenant, on guérit bien les leucémies.

Puis il m'invite à m'allonger pour m'examiner. Son optimisme me va droit au cœur et me donne la pêche. C'est notre première visite et je le sens engagé à nos côtés. Il s'étonne que l'on me laisse sortir dans ce mauvais état de santé. Je lui dis :

– Je suis à l'hôpital depuis deux mois, les médecins ont choisi de privilégier mon moral, de me laisser le plaisir de passer quelques jours avec ma fille.

Compréhensif, il termine l'entretien en nous donnant les coordonnées d'une infirmière à domicile.

Je suis particulièrement heureuse d'être à la maison avec Manon et Simo. Je les fais rire en improvisant un défilé de mode, il est vrai que les kilos superflus ont disparu et que mon pantalon glisse sur mes hanches. L'entrejambe rendu à mi-cuisses entrave mes déplacements.

Je compte les jours de liberté, il m'en reste deux. Je comprends que, trop longtemps à l'hôpital, je me suis glissée dans une vie végétative sans m'en apercevoir. Aller boire un chocolat à la cafétéria était devenu une aventure suffisante pour la journée. J'observais le va-et-vient des visiteurs et des malades pendant une demi-heure et j'étais totalement étourdie et gavée de sensations au point de vouloir réintégrer le calme de ma chambre.

L'extérieur m'apporte une force de reconstruction prodigieuse. La vie autour de moi explose. Je redécouvre les vibrations, les sons, les odeurs, le chaud, le froid. Les gens s'activent sans cesse et se projettent dans l'avenir. C'est la vie en stéréo et sur grand écran. Sentir et entendre les autres autour de moi me donne un coup de fouet et me rend joyeuse. À l'hôpital, le scénario de mon existence s'était heurté au mur de ma chambre. Vivre ma vie consistait uniquement à coller les cartes postales de mes amis sur le mur et à imaginer leurs univers derrière leurs voix lorsqu'ils me téléphonaient.

Il est dix-sept heures, le marteau de la porte résonne, le bruit est mat et fort. Manon accourt de la cuisine en criant « oui, oui, oui » pour se faire entendre. À l'ouverture de la porte, un vent froid a traversé la maison. J'écoute, allongée sur mon lit, les quelques mots échangés dans le couloir. Sans erreur possible, il s'agit de l'infirmière. Une petite femme enveloppée dans un manteau de peau retournée avec un grand sac accroché à son bras entre dans ma chambre et me sourit. Je m'assois et lui montre le pansement du cathéter. Il est en piteux état. Elle nous fait part de son inquiétude, ma fille la rassure en l'informant de mon retour à l'hôpital pour le lendemain. Elle apprécie l'étagère près du lit où ma fille a disposé la pharmacie et les pansements. Un point s'impose sur le matériel nécessaire au changement du pansement du cathéter, c'est un peu compliqué.

Rassurante, Madame M sort de son sac à malice des pansements qui aideront le cas échéant. Ensuite, la question « des papiers de sécurité sociale et carte vitale » est vite réglée. La visite est efficace et rapide, une simple prise de contact pour nous rassurer : la demande est bien prise en compte et il faudra l'avertir de mes sorties. Madame M travaille avec une collègue et l'une ou l'autre se chargera de moi. Elle est déjà sur le départ, la tournée des malades est conséquente et il ne faut pas s'attarder.

Ma fille l'accompagne à la porte et revient s'asseoir sur mon lit. Elle a le sourire, l'infirmière lui a fait bonne impression. Les médecins de l'hôpital lui avaient recommandé d'avoir un bon encadrement médical à l'extérieur. Il n'est pas évident, lorsqu'on arrive dans un quartier avec une maladie grave, de s'entourer de professionnels qui s'engagent aussi pleinement et rapidement à vos côtés. Avant de retourner dans la cuisine, ma fille me dit :

– Tu sais qu'elle fait sa tournée à vélo ! Cette infirmière est décidément une drôle de petite bonne femme. Dès six heures du matin, elle parcourt en bicyclette le quartier dans le froid.

Amitiés

Je suis dans une chambre à deux lits. Le deuxième lit est occupé de temps à autre par une autre malade. Ma première voisine est là pour deux ou trois jours. Elle est très angoissée. Dès le premier quart d'heure, elle me parle de son envie de suicide et dit rêver de son enterrement. Elle me décrit les personnes présentes à la cérémonie. Tout le jour, elle proteste, se trouve mal soignée, s'inquiète pour les traitements du lendemain. Son mari, présent dès le matin, reçoit de multiples conseils pour la tenue de la maison et des repas. Je m'isole.

Quelques jours après, elle est remplacée par Madame C. L'interne l'aime bien. Selon lui, elle est sympathique et courageuse. Cette dame fait son entrée en début d'après-midi dans la chambre. J'apprécie immédiatement sa présence délicate et attentionnée. Elle travaille avec son mari, un charcutier. Elle a environ 50 ans et est maman de trois grands enfants, deux filles et un garçon. La maladie ne l'a pas épargnée, elle a failli devenir aveugle. Puis, elle a fait une phlébite. Sa foi dans les médecins et dans la vie est inébranlable. Son caractère est gai, elle parle volontiers d'elle, mais avec pudeur.

Pour rester auprès des siens, elle n'hésite pas à effectuer chaque jour le trajet de son domicile jusqu'à l'hôpital. Cela l'oblige à partir à six heures le matin et à rentrer tard. Chez elle, elle continue à effectuer les tâches ménagères et à préparer les repas malgré la fatigue. Elle s'octroie une simple sieste en début d'après-midi, les voisins profitant de ce moment pour lui rendre visite. Elle préférerait se reposer. Cependant, elle accepte cette contrainte sociale avec gentillesse. Les réactions de chaque famille et de chaque malade aux obstacles sont surprenantes.

Un matin, sa pesée révèle une perte de deux kilos. Pince sans rire, elle s'étonne :

– La cure de thalasso est efficace, ici, j'ai perdu deux kilos depuis hier.

L'infirmière rit tellement qu'elle fournit l'explication par bribes :

– L'aide-soignante aura échangé vos balances.

La journée commence bien. Les jours suivants, dès l'entrée de l'infirmière, nous nous adressons, l'air détaché, des compliments réciproques sur la cure de thalasso. S'en suit notre plaisir de voir sourire l'infirmière.

Les journées passent agréablement en compagnie de ma voisine malgré ma santé qui ne s'améliore pas. Sagement, j'attends les résultats de la dernière ponction. Le retard est très important. Très surprenant. Les propos des uns et des autres m'inquiètent. Des questions me tourmentent. Mon état va-t-il me permettre de continuer la chimiothérapie ? Existe-t-il d'autres possibilités si je ne tolère pas la chimio ? Pourquoi le calendrier du protocole n'est-il pas respecté ?

La réponse est pour bientôt. Les infirmières m'informent que les docteurs C et T me rendront visite le dix-huit janvier dans l'après-midi. Pourquoi cette double visite ?

18 janvier. J'ai souvenir d'avoir rêvé d'un petit éléphant blanc. Il était adorable dans sa niche, et cela, sans que j'en sache les raisons, me fait penser à Bamiyan en Afghanistan.

Ce matin-là, je me rends seule et à petits pas, dans le service ORL de l'hôpital. Des souvenirs affluent à ma mémoire :

Bamiyan 15 mai 1972, dix-sept heures. J'ai passé la journée dans une citadelle, la peur rivée au ventre. Ismat, mon ami afghan, et moi-même avons été convoqués par la police. Séparée dès mon arrivée, je suis seule dans une cellule à barreaux. Curieux, des policiers ont défilé tout le jour, m'examinant dans le moindre détail, me parlant, m'appelant « mossié ». Je suis effrayée. L'on vient me chercher tard dans l'après-midi. J'entre dans un bureau. Devant moi, un policier est assis derrière une table. Son anglais est tout aussi approximatif que le mien. Il me demande les raisons de ma présence en Afghanistan et la nature de ma relation avec Ismat. Je lui réponds :

– Je suis touriste. J'ai rencontré Ismat à Kaboul. Il est devenu mon ami et nous allons à la frontière russe pour qu'il me présente sa mère.

Il plante ses yeux bleus dans les miens et me désigne la porte. Retour dans la geôle. Attente hors du temps. Un policier entre et m'ordonne de le suivre. Les couloirs sont sans fin. J'ignore la destination, mes jambes tremblent, je suis terrorisée. Sans doute, me prend-on pour une espionne qui, de plus, a une relation amoureuse avec un Afghan : double crime. Le policier qui m'accompagne ouvre une porte. À contre-jour, je reconnais Ismat. Il attrape ma main et nous fuyons.

Soudain, au détour d'une ruelle, nous débouchons sur un immense champ vert tendre. Au fond, les Bouddhas de Bamiyan. Je m'arrête, je les contemple, bouche bée. Ismat me tire rudement par le bras, il cherche un taxi ou un camion pour quitter cet endroit dangereux. Nous devons notre liberté au fait qu'il connaissait le policier en chef de la forteresse.

La porte du service d'ORL met mon imagination en berne. J'ai une otite et de peur d'avoir mal, je refuse certains tests. Je suis tellement peu sûre de ma vie que je reste interloquée quand le médecin me dit qu'il me faudra certainement porter un appareil auditif à 75 ans. Cela me fait plaisir. Combien de temps me reste-t-il à vivre ?

Ma voisine de chambre, elle, ne doute jamais, du moins, elle ne le montre pas. De retour dans ma chambre, j'attends tout le jour et dans l'angoisse, la visite des deux médecins. Dès que la porte s'ouvre, mon cœur bat très fort. Ils sont debout au pied de mon lit et le docteur T me dit :

— Vous sortez demain pour reprendre des forces. Mercredi prochain, nous ferons une ponction de moelle et d'os pour savoir comment nous devons poursuivre le traitement. Votre moelle ne redémarre pas et nous devons en savoir plus pour vous soigner.

Pour la première fois, je ressens la peur de mourir. Je craque.

— J'ai peur, c'est la première fois que j'ai peur comme cela, lui dis-je.

Le docteur C est resté silencieux, je croise son regard qui me rassure. Le docteur T reprend la parole :

— Il faut environ douze jours pour connaître les résultats. Nous saurons, à ce moment, comment poursuivre votre traitement. En attendant, reposez-vous et profitez de votre famille.

Le ton est resté neutre, ni pessimiste, ni optimiste. Ils font ce qu'ils peuvent, à moi de garder l'espoir. Ils sortent, je reste seule avec ma voisine. Je me mets à l'écart près de la fenêtre et je pleure à gros sanglots. Les larmes s'écoulent de mes yeux comme une fontaine qui déborde. Désespérée, je suis persuadée que ma vie ne va plus aller très loin. La réaction de ma voisine est surprenante.

– C'est bien, vous n'avez pas pleuré devant eux, me dit-elle.

Sur l'instant, je ne comprends pas le sens de sa réflexion, cependant, elle me réconforte. Nous sommes sur le même radeau et elle partage avec moi ses forces, sa vitalité, son espoir. Elle a une confiance absolue dans le fait d'être soignée et guérie.

– Pourquoi s'en faire puisque nous avons de bons médecins et les médicaments qu'il nous faut ? Formule-telle, sûre d'elle-même.

Puis, elle m'invite à regarder dehors. Un arc-en-ciel enjambe la forêt de pins, nous nous absorbons dans la contemplation des couleurs.

L'énergie de l'océan

Je suis de retour chez ma fille pour quelques jours. Je sors peu. Les amis de Manon et Simo ont déserté la maison pour que je puisse me reposer. Ce matin, j'attends la visite de l'infirmière à domicile. Les piqûres sont quotidiennes, matin et soir. Le changement du pansement du cathéter est un vrai soulagement. Dessous, la peau n'a pas respiré depuis plusieurs mois, elle démange. Mme M passe une compresse fraîche plusieurs fois pour me détendre. Cette infirmière est douce et ouverte, je peux lui parler sans détour. Dire son mal et sa souffrance à une personne capable d'entendre, sans crainte, aide considérablement. Ma confidente de ces temps difficiles deviendra une amie.

Intérieurement, la perception de mon avenir s'efface, mes envies sont limitées dans le temps et dans l'espace, réussir à aller seule au centre commercial à un quart d'heure de la maison, lire un long moment... Je suis de plus en plus dépendante dans ma vie matérielle et affective. Mes émotions sont amplifiées, je suis comme un bébé sans défense, agressée par le moindre mot. J'éprouve une telle fatigue au moindre effort que je vis au ralenti. Les après-midi s'écoulent, assise dans un fauteuil, à regarder des vidéos ou la télévision.

Ma fille est présente à la maison, elle travaille son DESS à distance. Ses professeurs l'ont prévenue qu'elle ne pourrait pas avoir son diplôme en raison de son assiduité insuffisante. Après tous ces mois passés auprès de moi à l'hôpital et ce nouveau coup, elle est déstabilisée. D'autres le seraient pour moins que cela. Elle a besoin maintenant de penser à elle et recherche un stage. Je l'encourage dans sa recherche bien que cela m'angoisse de savoir qu'elle va être moins disponible pour moi. Ma dépendance affective me démoralise.

Je suis très laide, j'évite mon image dans la glace. Mon corps a perdu sa musculature, j'ai un gros ventre, plus de cheveux, le visage marqué. Je marche dans la rue comme une petite vieille en regardant mes pieds de peur de tomber. Heurter mon cathéter m'obsède, aussi mon épaule s'est voûtée. Je n'oublie jamais ce tuyau dans mon corps qui est là pour m'administrer le poison sauveur.

Dans tout ce désastre, il existe un bonheur : aller voir l'océan. Ces moments m'apportent beaucoup d'énergie et de joie. Nous nous y rendons, ma fille et moi, chaque fois que cela est possible et avant chaque retour à l'hôpital.

Assises ou marchant sur la plage, nous parlons. C'est l'hiver, l'océan est une masse énorme et vivante, souvent coléreuse. J'ai l'impression d'absorber son énergie par tous les pores, flux et reflux nourrissent ma vie chancelante. Je suis joyeuse. Arpenter les chemins, gravir les pentes sableuses me laisse sans souffle.

Un jour, le vent est trop fort que nous nous réfugions dans l'unique bar-restaurant ouvert. Installées près de la cheminée, nous goûtons un double plaisir : feu de bois et spectacle de l'océan furibond. Bien au chaud, Manon détaille le spectacle :

– La ligne d'horizon est un mince filet bleu clair suivi de dégradés allant du vert foncé au bleu foncé …

Nous continuons à observer cet océan en silence, puis je lui dis :

– Regarde bien à droite du phare, il y a des bateaux, sans doute des bateaux de pêche, par ce temps, c'est à peine croyable.

– Ça te dit, une glace ? Murmure ma fille, malicieuse.

Je lui réponds :

– Oui, histoire de se réchauffer, mais avec un café.

Nous commandons deux glaces et deux cafés à déguster, vautrées dans deux divans près du feu. La rudesse de la maladie s'est effacée et je profite intensément de ce moment gourmand.

Tous mes amis s'inquiètent. Habituellement, j'essaie de rester sereine, surtout lorsqu'ils amis prennent des nouvelles. Un soir, Catherine téléphone. La conversation est telle, à ce moment précis, que je prends conscience de façon très aiguë que ma vie est sur le fil du rasoir.

– On ne peut pas vivre en recevant des plaquettes et du sang en permanence, le corps n'est pas une machine, il finit par fabriquer des anticorps…

Ces mots sont sortis de ma bouche, chaotiques, entrecoupés de sanglots qui viennent du fond de mon âme.

– Tu vas t'en sortir, tu le sais. Sois confiante.

Catherine a traversé des épreuves tout aussi dures que les miennes et ses paroles me touchent. Ma fille, qui a assisté à la conversation, ne sait plus comment me consoler.

Le courage revient

Les résultats des analyses de sang me terrifient de plus en plus. Je n'ai plus le courage d'aller les chercher en début d'après-midi, j'attends tout bonnement qu'ils arrivent par la poste le lendemain matin.

Ce matin-là, je suis seule à la maison. Assise sur mon lit, j'enduis de crème ma peau desséchée. Le bruit d'une enveloppe glissée par la fente de la porte et qui tombe sur le carrelage du couloir fait battre mon cœur. Sans doute les analyses. Je me lève, regarde, l'enveloppe est bien celle du laboratoire. Je la ramasse, la pose près de moi sur le lit. Terminer ma toilette me donne un moment de répit. Mais maintenant, je ne peux plus reculer. J'ouvre l'enveloppe, déplie la feuille, mon cœur se serre, j'essaie de lire. Je déchiffre une première fois, puis une seconde, ce n'est que la troisième fois que je comprends :

– Les plaquettes sont remontées, je crie cela comme si l'on pouvait m'entendre.

Je suis debout, la feuille à la main et instinctivement, je me dirige vers le téléphone pour prévenir le service d'hématologie de l'hôpital. La sonnerie retentit. Je décroche.

– Madame G, votre moelle est repartie, me dit l'interne.

Le ton de sa voix est retenu mais très joyeux. Je lui réponds :

– Je viens de recevoir l'analyse du laboratoire, j'allais vous téléphoner.

Nous partageons le plaisir de cette excellente nouvelle. Il s'en suit des considérations sur mon retour à l'hôpital. Cette reprise d'activité de la moelle donne des ailes au petit soldat que je suis et je prépare, avant le retour de ma fille, ma petite valise verte d'hospitalisée.

– Après la pluie, le beau temps, dira Manon à son retour à la maison.

À l'hôpital, les infirmières sont ravies de me revoir en si bonne forme. Tout est relatif, on peut être amené à s'enthousiasmer d'une amélioration même si l'on a moins de cent mille plaquettes. Chacune examine ma peau et la trouve dans un état exceptionnellement bon.

Quant à moi, j'ai la sensation d'être un gros lézard laid et fatigué qu'un pâle soleil commence à réchauffer. Les soins reprennent. Cette fois, la ponction habituelle de moelle est complétée par celle de l'os. Le geste du médecin, rapide et précis, est tout à fait supportable. Je demande à voir le petit morceau soustrait à mon squelette. La taille me surprend, une petite moitié de gomme verte des Vosges. La matière spongieuse de l'os est imprégnée de sang. Ce petit bonbon aura la délicatesse de se montrer sain à l'analyse, seule la moelle continuera à être perturbée.

Sortir des quarantièmes rugissants

Fin janvier 2005. Depuis le mois d'octobre, j'ai passé beaucoup de temps à l'hôpital et très peu de jours à la maison. Après ces épreuves, mon corps me fait l'effet d'un bateau délabré, dont le mât et les voiles ont été arrachés. C'est la survie, plus rien à bord, seule l'idée obsédante de se sortir de là. J'aborde une nouvelle chimio comme on se prépare à descendre un long fleuve tumultueux sur un radeau. La saison va-t-elle m'être propice ? Les eaux seront-elles basses et tranquilles ?

L'envie profonde de vivre ne m'a jamais quittée et le combat mené contre la maladie m'a permis de ne pas m'appesantir sur sa réalité. Maintenant, jour après jour, le calme revient. Je m'ouvre à nouveau à ce qui m'entoure et retrouve de vrais contacts avec les autres. J'ai à nouveau besoin de m'occuper : lectures, écritures, longues conversations au téléphone et télévision. Cure documentaire l'après-midi sur la cinq.

Fin février, je rentre à la maison pour une quinzaine de jours. Progressivement, mes forces reviennent et je m'exerce à l'autonomie. Lorsque nous allons au parc de Mussonville avec Manon, j'essaie de conduire ma voiture dans les rues adjacentes et désertes. Les réflexes sont bons, mais il m'est difficile de me concentrer plus d'un quart d'heure.

Un matin, je décide d'aller seule au laboratoire en voiture, environ dix minutes de parcours. Une voiture me coupe la route, je freine. Je suis contente de mes réflexes. Le retour se fera sans encombre. Petit à petit, je gagne du terrain. Quelque temps après, je suis capable de conduire seule ma voiture jusqu'au parc. Chaque jour, je profite du soleil et je me donne de l'exercice.

Des sans-abris vivent, au milieu du parc, dans des baraques construites avec des matériaux récupérés. Un après-midi, assise au bord de la rivière, je contemple l'eau qui s'écoule sur de longues algues brunes et ondoyantes. Je sens une présence, je cherche sa provenance. Mon regard s'arrête sur un homme habillé pauvrement et à demi allongé sur l'autre rive : un sans-abri sans doute. Je ne l'ai pas remarqué, il est tellement immobile, son regard aussi est fixe. Il m'ignore, volontairement ou non, je ne sais pas. Nous sommes là, sur chaque rive, chacun figé dans sa douleur. Lequel des deux est le plus en souffrance ?

Régulièrement, ma fille m'accompagne à l'Établissement Français du Sang, où l'on me transfuse des plaquettes ou du sang et où l'on teste plusieurs fois par semaine mon taux de cellules-souches. Le hall est grand et il n'y a qu'une seule file pour les donneurs de sang et de plaquettes et ceux les reçoivent. Donneurs et receveurs défilent devant la secrétaire.

À l'hôpital, j'étais parfaitement consciente, à chaque poche de sang ou de plaquette, de la générosité du donneur anonyme. À l'EFS, le moment passé dans la file d'attente me remplit d'émotions. La secrétaire harmonise le ballet : d'un côté les donneurs, de l'autre les receveurs. J'éprouve une reconnaissance profonde envers les donneurs, j'ai envie de leur parler et de les remercier. Que ressentent-ils en nous voyant ? Quelles sont leurs motivations ?

Dans la salle d'attente réservée aux receveurs, j'échange quelques mots avec Pierre qui est leucémique. Il me conseille la patience.

— Le bon taux de cellules-souches n'est pas toujours au rendez-vous dès les premiers tests, affirme-t-il.

Échanger avec lui me fait sortir de mon isolement et me fait beaucoup de bien. Puis, nous nous retrouvons dans le même laboratoire, lui pour effectuer une cytaphérèse[1] et moi pour tester le taux de cellules-souches dans le sang.

Pierre souffre pendant le prélèvement. Très pâle, son corps est régulièrement parcouru de tremblements. Au fond de la salle, une jeune femme semble mieux supporter la séance. Pour qu'ils n'aient pas froid, des couvertures les recouvrent entièrement, j'aperçois juste le haut de leurs visages.

Jours après jour, les résultats me concernant restent plats. Le médecin de l'EFS, en concertation avec ceux de l'hôpital, renonce très vite à une autogreffe. Je suis déstabilisée : l'autogreffe m'avait semblé le meilleur aboutissement du traitement.

---

[1] cytaphérèse : Technique de prélèvement qui consiste à prélever le sang d'une personne et à le filtrer simultanément pour n'en conserver que certains éléments (globules blancs, globules rouges, plaquettes, cellules souches...), les autres étant immédiatement réinjectés au donneur.

La porte de l'hôpital s'entrouvre

Le 14 mars, jour d'entrée du dernier séjour à l'hôpital. Ma fille me conduit. À l'approche de l'hôpital, je ne peux retenir mes larmes, l'idée d'être enfermée à nouveau dans cet endroit m'abat.

– Maman, juste un mois, la dernière ligne droite, c'est presque rien après ce que tu viens de faire, argumente Manon, surprise de ma réaction.

– Oui, je sais, mais je n'en peux plus, ma réponse se noie dans mes larmes.

En mon for intérieur, je suis désespérée de ne pas avoir fabriqué de cellules-souches. Dès que j'aperçois le docteur C dans le couloir, je vais vers lui :

– Docteur, il a été impossible de collecter des cellules-souches. Que va-t-il se passer maintenant ?

– Je sais, on m'a informé, nous allons faire une chimio de clôture à très forte dose. Vous avez bien supporté la chimio de consolidation, cela devrait aller parfaitement.

L'infirmière, présente à ses côtés, complète sa réponse :

– Vous savez, les résultats de la chimio de clôture sont actuellement identiques à ceux de l'autogreffe.

Je suis rassurée, je m'étais arrêtée sur l'autogreffe et je m'étais bloquée sur toute autre solution.

Pendant la chimio, je suis surveillée comme le lait sur le feu, le moindre petit bouton, la moindre petite rougeur est analysée en détail. Des problèmes vont survenir : rien de comparable avec la situation catastrophique des mois d'hiver.

Le 7 avril, jour de mon anniversaire. Ma fille me tend une petite boîte, je l'ouvre. À l'intérieur, une petite chaîne en argent avec un magnifique petit Bouddha en pendentif. Elle m'offre cette médaille comme pour me dire que la guérison est à l'intérieur de moi.

Elle pensait que nous pourrions sortir de ce mauvais pas par notre seule énergie, mais devant la dureté des épreuves, elle comprend que je dois chercher mon chemin ailleurs. Son cadeau renforce le soutien qu'elle m'apporte.

Quelques jours plus tard, les docteurs T et C entrent dans ma chambre et m'annoncent :

– Vous êtes sortie d'aplasie. Votre traitement est fini et vous allez pouvoir rentrer chez vous. N'hésitez pas à téléphoner si vous avez un problème. Si tout va bien, nous vous revoyons le 19 mai pour une visite de contrôle.

Je reste abasourdie par la nouvelle et je me confonds en remerciements. J'avais tellement pris l'habitude d'être à l'hôpital que je n'avais pas imaginé la fin du traitement.

Je sors de l'hôpital comme certains sortent de prison. Je suis libre devant la porte d'entrée mais ne sachant pas s'il faut partir sur le côté droit ou le côté gauche. Un ami marseillais a eu l'occasion de potasser longuement cette question sur son lit d'hôpital. Un jour de promenade, nous passions devant la prison des Beaumettes lorsque, avec humour, il me posa une devinette :

– Il y avait un bar de l'autre côté. Comment s'appelait-il ?

Je suis restée dubitative.

– Ici, mieux qu'en face ! Mais se retrouver là, avec son petit baluchon, ce ne doit pas être folichon, ironisa-t-il.

La liberté retrouvée oblige à s'assumer à nouveau même si l'état de santé n'est pas des meilleurs. C'est comme voir le soleil après un long séjour à l'ombre, on est d'abord gêné par son éclat.

De retour chez ma fille, je suis accablée par le doute et l'indécision. Je voudrais retourner dans ma maison de la Drôme pour m'y reposer et surtout me retrouver. J'ai besoin d'être seule tout en éprouvant une grande angoisse à cette idée. De plus, m'éloigner de l'hôpital me fait peur.

Huit mois de traitement ont bouleversé nos vies et ma fille supporte mal ma dépendance. Je suis devenue tellement fragile moralement et physiquement. Des discussions parfois difficiles nous blessent réciproquement.

Manon a trouvé un emploi alimentaire. Elle sollicite les entreprises pour qu'elles reversent la taxe d'apprentissage à l'université. La décision de travailler a été difficile à prendre en raison de ma santé aléatoire : elle avait peur de me laisser seule à la maison. Notre relation s'est tendue, il nous reste en commun la volonté de sortir de cette situation.

Je n'ai quasiment jamais vécu dans une grande ville. Mon enfance et mon adolescence se sont déroulées à la campagne, la nature est indispensable à mon équilibre et à mon bien-être.

Chez ma fille à Bordeaux, je sors sur le pas de la porte de l'appartement pour prendre l'air et le soleil, je ne supporte pas d'être enfermée. Ce comportement doit en étonner plus d'un :

– Que fait cette cancéreuse sans cheveux assise sur le pas de la porte ?

Le printemps est là et, au final, je décide d'aller chez moi, à Aygue-Astaud, au moins pour les beaux jours. J'aurais toujours la possibilité de revenir à Bordeaux si des problèmes surgissent.

Un couple d'amis, habitant le Beaujolais, me propose un séjour chez eux avant le grand saut. J'accepte. Le 19 mai, une dernière visite médicale à l'hôpital. Les résultats sont bons, on me donne la permission de voyager et de retourner chez moi.

Fragilité

Ma fille travaille. Madeleine, une amie, propose de m'accompagner à la gare. Madeleine est une petite bonne femme frêle, une rupture d'anévrisme l'oblige à être prudente avec sa santé. Elle s'est chargée de la petite valise verte qui, trop habituée aux aller-retour maison hôpital, s'est coincée une roulette dans une porte automatique.

En ce qui me concerne, un escalier suffit à m'épuiser. Dans la gare, je suis assommée par le bruit qui me donne l'impression d'être une caisse de résonance. Un rien m'émeut, un rien me déstabilise, un rien me fait pleurer. Ma tête fonctionne au ralenti, je vérifie cent fois la présence de ma valise, de mon ticket, de mon portable, de mon sac à main… Je partage mes craintes avec Madeleine :

– Je dois changer de train à Montpellier, lui dis-je, inquiète.

Madeleine, experte en gestion de la dépendance, répond :

– Si ça va mal, demande à un employé de la gare de t'aider et téléphone-moi dès que tu es dans ton TGV.

Bien installée dans le train, je me régale des paysages qui défilent à la fenêtre. Tout à mon plaisir, le temps passe très vite. Déjà, la gare de Montpellier est annoncée. Un passager descend ma valise, la gare est noire de monde. Me retrouver seule dans cette foule compacte me panique. Je ne peux pas soulever ma valise et celle-ci roule sur les pieds d'une petite fille. Sa maman me remet vertement à ma place. Comment lui expliquer dans ce brouhaha que je suis trop faible pour la porter ?

Être fragile, singulière expérience. La foule accroît mon sentiment de vulnérabilité et annihile ma possibilité de communiquer. Au terme d'efforts considérables, j'atteins l'escalier mécanique. En haut, le tableau d'affichage m'indique la voie pour Lyon. Tout va bien, je redescends d'autres escaliers. Cette fois, il me faut porter ma valise. Le train est là et je m'y installe. Mon transfert est placé sous haute surveillance. Je sors mon portable et téléphone à Madeleine qui prévient Manon qui envoie des SMS à Nathalie et à Madame M.

– Allo, Madeleine, je suis assise à ma place dans le bon TGV.

– Super, bon voyage et à bientôt, répond Madeleine, soulagée.

Le trajet est fatigant et je ne suis pas mécontente d'apercevoir Nathalie au bas de l'escalier de la gare de la Part-Dieu. Embrassades et retrouvailles.

– Tu as bonne mine, ton turban te va comme un gant, me dit-elle.

Son amitié me réconforte tellement que j'approuve même si j'ai bien du mal à la croire.

Dans la voiture, Nathalie me parle de son dernier voyage à Cuba avec son compagnon : Jacques. Tout cela m'apparaît surréaliste, je suis exténuée par cette journée de train. Jacques et Nathalie sont militants à Attac et la bataille du référendum pour l'Europe bat son plein. Ils sont très occupés, mais malgré cela, ils prennent le temps de me dorloter. Nathalie, qui connaît ma tendance à l'hyperactivité, m'oblige gentiment au repos. Le lieu s'y prête bien. Campagne et vignes. Un chemin de fer transformé en chemin pédestre longe la colline. C'est mon chemin de Compostelle. Au quotidien, j'y exerce à la marche mon corps fatigué. J'ai toujours cette impression d'être ailleurs, de ne pas faire corps avec mon corps. Je suis sous le choc, le combat vient à peine de se terminer. Je n'ai pas encore bien compris ce qui vient de m'arriver et je descends du ring en titubant. L'idée de la guérison ne m'effleure pas.

Trois semaines passées à Jarnioux me redonnent du courage. Malade depuis neuf mois maintenant, j'ai envie de me retrouver chez moi et dans mes meubles, seule à décider de ma vie. Je pense être prête pour le grand saut.

La petite valise verte est de retour à la maison.

Depuis l'automne, la petite valise verte s'est remplie d'intenses douleurs physiques et morales. En l'ouvrant, je vois mes démons. J'ai choisi de me retourner seule pour les calmer. Les médecins ont soigné ma personne physique, il m'appartient maintenant de m'occuper de mon être moral.

Nathalie et Jacques m'accompagnent chez moi. Beaucoup d'émotions : les larmes coulent à flots, les miennes et les leurs. Je pleure beaucoup, des larmes qui libèrent, semblables à celles que l'on verse lorsqu'on enterre un ami.

Nathalie et Jacques s'affairent tout le week-end pour remettre la maison en état. Après le nettoyage, les courses. Leur départ, dimanche après-midi, me laisse face à moi-même. Ai-je vraiment choisi d'être seule pour cette convalescence ou suis-je encore trop dure avec moi-même ? Pourquoi cette maladie ? Pourquoi ai-je laissé Mélusine rôder autour de mon lit d'hôpital ?

Sans le savoir vraiment, j'étais lasse de mener des guerres et des combats ruisselants d'injustices. Je ne pouvais pas supporter plus longtemps cette vie-là. La maladie a profité des circonstances pour s'introduire dans mon existence. Pour comprendre et soigner tout cela, je fais le choix de m'arrêter, de regarder au plus profond de moi-même.

La séparation d'avec ma fille est très douloureuse : je me sens délaissée. Ce sentiment d'abandon a jalonné mon existence et le cancer exacerbe ma douleur morale : je suis captive de ma faiblesse.

Ne pense pas à ceux qui sont morts !

Ma convalescence se passe à dormir et à me reposer. Fatiguée, mon énergie est vite épuisée par les courses au village, les visites chez le médecin, la confection des repas.

Au village, chacun m'interroge :

– Comment cela s'est-il déclaré ? Prends-tu encore des médicaments ? Comment se passaient les chimios ?

Des questions, des questions, encore des questions… Certaines émanent de gens qui ont eu un cancéreux dans leur entourage. J'ai parfois l'impression qu'ils avaient tellement peu de relations avec leur malade que je pallie à ce manque de communication.

Ces contacts, superficiels et curieux, me gênent. La délicatesse n'est pas toujours au rendez-vous. J'ai l'impression que les conversations tournent encore et toujours autour de la maladie. Certains m'informent des morts et des rechutes des cancéreux sans se soucier de la répercussion que cela peut avoir sur mon moral. Peu à peu, je ne supporte plus ces discussions qui m'enferment dans mon rôle de malade. La maladie vous rend terriblement vulnérable et perméable aux perceptions, sensations et sentiments.

Tous insistent sur la nécessité d'avoir un bon moral, de ne pas déprimer. Cela va devenir mon obsession. Très doucement, je me remets physiquement. Cependant, ma souffrance morale s'accroît et la peur de déprimer me taraude. Si l'on me parle d'un cancéreux qui a rechuté, je panique. Cela m'a demandé une telle énergie pour en arriver là. Je ne pourrais pas survivre à une rechute. La mort me préoccupe, je sais qu'il faut s'y préparer, je peux retomber malade et mourir.

Mon mental est assailli par de sombres pensées. Les circonstances sont dures. Si je me laisse gagner par l'amertume, Mélusine prendra son envol du haut du mur pour annoncer ma mort. Si je pense sans cesse à l'injustice d'être malade, mon visage, mon corps et mes yeux vont se colorer en vert. Une grimace mortuaire remplacera mon sourire.

Comment s'en sortir ? Rester ouverte et sensible à la souffrance des autres. Cette posture, je vais personnellement la trouver dans la solitude et dans la retraite.

Ai-je fait le bon choix ? Lectures et méditations m'absorbent. C'est comme si le mot guérison avait disparu du dictionnaire et que je devais le réinventer. Comme elle est longue et difficile, cette escalade vers la vie !

Pourtant, imperceptiblement, je remonte la pente physiquement et moralement. Je m'ouvre à mon infirmière à domicile de mes difficultés morales. Sa réponse, lucide, résulte de sa profonde humanité et de sa connaissance de la psychologie des malades.

– Tous les malades souffrent moralement. Ceux qui ont de la famille et les autres. La famille n'est pas toujours un secours, elle enferme parfois le malade dans sa dépendance. Toi, tu as à te battre seule, c'est là que tu vas trouver la force de vivre. Si tu penses trop souvent à ceux qui sont morts, dis-toi que cela n'est pas pour toi.

Message reçu, on ne peut être plus clair.

Guérir le cœur et la souffrance morale

Je suis préoccupée par la mort, je la sens présente et je pense que je dois m'y préparer. Elle me fait peur. Aussi ai-je été incapable d'ouvrir "Mort et Art de mourir", le livre d'un grand-maître du bouddhisme tibétain, Bokar Rimpoché. Acheté à Montchardon douze ans auparavant, il attend sagement mon courage sur l'étagère.

À l'hôpital, même dans les pires moments, l'idée que j'allais mourir ne m'a jamais effleurée. Pourtant, je redoutais de m'endormir car je faisais beaucoup de cauchemars : serpents sous mon lit, visions de visages familiers rongés par les vers…

Qu'est-ce qui m'a retenue dans ce monde, je ne peux le savoir : un crochet, un rivet, une attache vissée dans la vie. Dans ces moments difficiles, je garde tout spécialement en mémoire la douleur de « retrouver mes pieds ». Poser à nouveau un pied sur le sol, millimètre après millimètre, après une longue période d'immobilité, me faisait beaucoup souffrir.

Je ne suis pas assez forte pour conduire ma voiture jusqu'à Montchardon. Cependant, fin août, le site Internet de cette communauté bouddhiste propose un enseignement sur Sangyé Menla : le Bouddha de médecine. Cet enseignement me décide et je téléphone pour m'inscrire. Il n'y a plus de place. J'insiste, on va m'installer un matelas dans la salle de yoga.

C'est le premier grand voyage que j'entreprends seule : trois à quatre heures de conduite. Je suis heureuse de partir. À midi, je m'offre un bon déjeuner dans un restaurant. Je revis. Il y a quelques mois, je ne pouvais m'imaginer aussi libre.

Je me régale de la fraîcheur du Vercors après un été dans la sécheresse Provençale. La montée vers le monastère est magnifique et j'arrive sans difficulté en haut malgré les tournants en épingle à cheveux. Tout a bien changé, des bâtiments neufs ont été construits. Il y a beaucoup de monde en cette fin d'été et je reconnais au passage quelques résidents présents ici depuis plus de dix ans.

Le nouveau temple est magnifique. Grand, il ressemble à un paquebot accosté dans l'océan de verdure du Vercors. À l'intérieur, de belles statues de Bouddha génèrent beaucoup de douceur. Je me sens bien, j'attendais ce moment depuis si longtemps. C'est la souffrance morale qui m'amène ici, je suis venue chercher la paix intérieure que cela soit pour vivre ou pour mourir. Il n'existe pas de chimiothérapie pour guérir le cœur.

Chaque jour, Lama Teusang dispense l'enseignement du Bouddha de médecine en tibétain. Il concerne les malades et les morts. J traduit les paroles du lama. Dans l'assemblée, plusieurs personnes ont de graves problèmes de santé. Une femme se tient souvent allongée, elle a un cancer des os. Pendant les enseignements, j'essaie de rester assise en lotus. Parfois, la douleur m'oblige à me réfugier sur un siège.

Le dernier jour, ceux qui le souhaitent peuvent « prendre refuge », c'est-à-dire qu'ils promettent de suivre les enseignements du Bouddha. Cet engagement m'impressionne, je ne suis pas sûre d'être constante dans ma pratique. J'ai, depuis l'enfance, refusé toute autorité sociale ou religieuse. Une compagne de méditation est beaucoup moins tendue que moi sur ces questions. Elle finit par me convaincre.

Pendant la cérémonie de la prise de refuge, mon cœur bat la chamade. Voilà, le pas est franchi. Lama Teunsang m'a remis mon livret de refuge et un cordon de protection béni. Mon nom de refuge : Trashi Tsomo. En français :

« *Le sommet des signes de bon augure* »

Après les épreuves de la maladie, ce nom est porteur d'espoir.

J, le traducteur de Lama Teusang, m'a conseillé la pratique quotidienne du Sangyé Menla, une méditation tibétaine qui permet de renforcer son potentiel d'auto-guérison. Il m'a également recommandé la lecture d'un ouvrage de Pema Chödrön, une nonne bouddhiste américaine :

"*Les Bastions de la peur ou la pratique du courage dans les moments difficiles*".

De retour à la maison, je vais suivre ses conseils. Cela m'aidera considérablement à appréhender la souffrance et la mort différemment, à penser et prier pour les autres, morts et vivants.

L'hôpital de jour

15 mars 2006. Je suis convoquée à l'hôpital de jour, situé au rez-de-chaussée, pour contrôler l'évolution de la maladie. Nous sommes là, quatre femmes allongées dans des relax pour une bonne partie de la journée. Évidemment, on n'échappe pas à la traditionnelle ponction, chacune à son tour, comme à confesse.

La ponction est précédée ou suivie d'un premier entretien avec un médecin, ensuite l'attente, la longue attente pour connaître la décision de l'équipe médicale. J'apprécie de rencontrer les autres malades, quelquefois cela m'effraie. Certaines ne semblent pas être sur la bonne voie et fréquentent à nouveau les étages supérieurs de l'hôpital. Mon cœur se serre lorsqu'elles en parlent.

Ici, le courage est de mise, personne ne se plaint et les propos sont optimistes. On échange ses expériences, on parle de ses douleurs et de ses fatigues avec pudeur. On choisit plutôt d'exposer ses nouvelles occupations et ses projets. Une jeune femme, enthousiaste, dit :

– Je vais créer un parc d'attractions…

Une dame plus âgée trouve cela formidable. Près de la fenêtre, une timide se risque à parler d'elle-même :

– Mon mari m'a demandé de lui faire un enfant, j'attends encore un peu pour avoir plus de force et je me lance.

Un ange passe… Le silence s'installe, il est rompu volontairement par l'infirmière installant une transfusion.

– Vous avez choisi un prénom ?

– Heu, oui. Kevin si c'est un garçon et Claudia si c'est une fille, répond l'intéressée.

Connaisseuse, l'infirmière éclaire l'assemblée d'un savoir insoupçonné :

– Bon, je ne fais pas que poser des « perfs », je lis aussi dans le marc de café, ce sera une Claudia.

L'infirmière a détendu l'ambiance. À la demande générale, une jeune femme qui fabrique des bagues en perles est sollicitée pour fournir une explication détaillée sur la méthode. Elle s'y soumet avec un plaisir évident et partagé.

Quinze heures, l'infirmière prononce mon nom, mon cœur s'accélère en rejoignant le médecin chargé de me communiquer les résultats. La porte à peine fermée, il me rassure :

– Tout va bien, votre analyse de sang et votre ponction sont bonnes, la prochaine fois vous irez aux consultations externes, fini l'hôpital de jour…

Je reste ébahie, je ne m'attendais pas à une si bonne nouvelle. Je bafouille :

– Plus de ponction ?

– Non, non, c'est fini, répète le docteur.

Intérieurement, je fais le vœu que celle d'aujourd'hui soit la dernière, j'y mets toutes mes forces et je me risque à demander, sait-on jamais :

– Allez-vous me retirer le cathéter aujourd'hui ? C'est bientôt l'été et je voudrais aller me baigner.

Le médecin m'explique :

– Vous êtes trop pressée. Non, vous le gardez encore un peu, vous pouvez en avoir besoin pour une transfusion ponctuelle.

J'essaie de négocier pour un retrait immédiat sans aucun succès.

– Si tout va bien, on l'enlève début juillet et plouf dans la piscine, confirme le médecin, le geste à l'appui.

– Combien de temps pour cicatriser ?

– On compte une dizaine de jours, vous le verrez vous-même à votre peau, répond-il.

Dans le couloir, je suis tellement heureuse de quitter ce service définitivement, du moins je l'espère, que je touche ce maudit cathéter en lui adressant ces paroles sans appel :

– Tu es vraiment pénible, va-t-en, je peux me passer de toi.

Il reste là, gênant et gêné, je redresse mon épaule vers l'arrière pour qu'il comprenne que je ne vais pas le garder encore bien longtemps avec moi.

Tôt le lendemain matin, Madeleine et moi, nous partons pour l'océan. Une variante nous amène au lac de Sanguinet proche de la côte. C'est la fête ! Je me délecte de la nature. Des pins immenses bordent le lac et leurs cimes oscillent sous l'effet du vent. Nous marchons toute la matinée et nous rions beaucoup en nous racontant des histoires à dormir debout. Dans un élan gastronomique, Madeleine propose :

– Je connais un p'tit resto pas loin, ils ont une salade landaise maison vraiment super.

– Allons-y, lui dis-je, affamée.

Pendant le repas, mon portable sonne. Je m'éloigne pour répondre. De retour, j'explique à Madeleine qu'il s'agit d'un fiancé rencontré sur internet. Madeleine, un peu pompette s'étonne :

– Tu l'as rencontré, je veux dire, rencontré !

Je lui réponds, avec humour :

– Oui, il est fleuriste, ça peut toujours servir.

– Ne dis pas ça ! S'esclaffe-t-elle.

Amusée, je lui réponds :

– C'est pour rire, tu penses bien que je n'ai pas vraiment envie de mourir, sinon je ne serais pas là.

– Moi non plus, réplique-t-elle dans un éclat de rire.

Sa bonne humeur est contagieuse et je lui demande de continuer cette belle journée par une balade sur la plage. Il fait chaud pour la saison et nous avons quitté nos chaussures et relevé nos pantalons.

Nous marchons à l'endroit précis où l'eau et la terre s'effleurent, frontière subtile et délicate entre les forces marines et terrestres. C'est l'endroit de la guérison, ou du moins est-ce mon impression tant l'énergie que je ressens en ce lieu est forte.

Sur la plage, une petite fille accompagne son papa féru de jogging, elle s'amuse à l'éclabousser. Longtemps après, je me retourne, ils sont loin, la petite fille court toujours, ni lasse ni fatiguée.

Quelques grammes en moins

Le rendez-vous du mois de juillet à l'hôpital est imminent. Je prends le train d'Avignon à Bordeaux. Le voyage est un moment de réflexion où je fais le point sur ma santé physique et morale. Tout va pour le mieux et je nourris l'espoir de me débarrasser de ce foutu cathéter.

Le moment tant attendu est arrivé, le médecin me confirme :

– Votre analyse de sang est bonne, on va vous retirer votre cathéter. Une joie immense m'envahit. En sortant du cabinet, j'informe Madeleine qui partage ma jubilation :

– Super, tu vas pouvoir profiter de l'été.

L'ambulance m'amène au service chirurgical. Cette fois, c'est pour la bonne cause et les infirmières, averties par téléphone de ma venue, me félicitent. L'opération s'effectue hors du bloc opératoire. Comme à l'habitude dans ce service, le chirurgien communique beaucoup sur le ressenti de la maladie.

– Comment s'est passé le traitement ? Comment avez-vous supporté le cathéter ? Comment vous sentez-vous ? Quels sont vos projets ?

Je lui réponds avec beaucoup de plaisir.

Derrière moi, sur un lit, un homme est secoué de convulsions.

– Docteur, regardez, ce monsieur se sent mal.

– Il est dans le coma, répondit-il, à peine perturbé, en continuant à extraire le cathéter.

– Vous voulez voir votre cathéter ?

J'acquiesce d'un mouvement de tête.

Il brandit au-dessus de mon nez un long tube blanc, à une extrémité pend l'accroche qui était plantée dans le haut de mon sein. Je suis heureuse : me débarrasser de ce machin signifie que je peux vivre sans traitement. Pendant que le chirurgien enroule le cathéter pour le plonger dans un bocal, je lui dis avec un grand sourire :

– Je me sens bien légère avec ces quelques grammes en moins.

– Je vous crois.

Une dizaine de jours après, je me délecte de ma pleine immersion dans la piscine de mes voisins. Quel plaisir de sentir l'eau sur tout mon corps ! Je ressens une sensation infinie de bien-être à l'endroit où le cathéter est resté planté dans ma chair pendant si longtemps. Je garde la tête sous l'eau comme lorsque, chaque été, je me baignais dans les lacs glacés du Queyras.

Certains voyagent, d'autres dépriment...

« Certains voyagent, d'autres dépriment … »

Cet aphorisme prononcé par un médecin le jour de ma sortie d'hôpital n'est pas tombé dans l'oreille d'une sourde. J'ai bien compris que la déprime est la succursale du dernier voyage. D'ailleurs, je prends la maxime au pied de la lettre et je cherche des solutions depuis que je sens mes forces revenir. Cependant, je suis encore bien trop faible pour partir seule, sans soutien, sans lieu où poser mon sac s'il devenait trop lourd.

Pourquoi cette envie de voyager ?

La maladie m'a rendue frileuse. Je me réfugie chez moi dès que je suis un peu bousculée. J'ai peur de tout. Je trouve mille prétextes pour ne rien entreprendre, je me protège et je souffre beaucoup moralement de cette vie sans saveur et sans avenir. En voyage, je ne pourrai plus me défiler, je serai obligée de prendre des décisions et d'assumer cette sensibilité à fleur de peau provoquée par la maladie et tellement déstabilisante.

Au village, le bruit court qu'une amie, Annette, s'installe au Maroc. Je lui téléphone. Annette partage son temps entre le Sud marocain où elle prépare un projet d'installation et la France. Elle accepte de me recevoir au Maroc. C'est fantastique, je vais partir en voyage, je ne serai pas seule et je pourrai moduler mes déplacements en fonction de mon énergie.

Le 3 mai 2006, je pars de Marseille en avion pour Marrakech. Dès mon arrivée dans la ville rouge, j'en prends plein les narines et plein les yeux. La vie me défie et je fonce à toute allure avec ma drôle de petite énergie de convalescente. Mes émotions me submergent. J'ai le cœur qui bat en permanence à cent à l'heure. Une force me pousse, me propulse. Je veux tout voir et j'arpente la médina sans me soucier de la fatigue.

La Medersa Ben Youssef est magnifique. Sa construction, faite de matériaux nobles, est restée sobre. Tout l'édifice respire l'équilibre. Un guide fait partager son admiration personnelle à un groupe de visiteurs.

– La Medersa Ben Youssef est l'une des plus grandes medersas[2] du Maghreb. Elle fut construite par le Calife Abdellah El Ghalib et les travaux se sont achevés vers 1570. Cette résidence universitaire hébergeait jusqu'à 900 étudiants dans les 150 cellules situées au rez-de-chaussée et à l'étage… Levez la tête et admirez cette coupole en bois de cèdre sculpté. Qu'en pensez-vous ?

Les visiteurs répondent à cette question par un silence admiratif. Le clapotis de l'eau du bassin central ajoute une douceur cristalline à l'ambiance. L'harmonie et la beauté du lieu exercent leurs missions de paix sans se soucier des siècles et de l'histoire des hommes. Je vais savourer cet endroit pendant plusieurs heures.

Les trois jours suivants, le plan à la main, je me perds dans les souks et je m'étonne, quelle que soit l'heure, matinale ou avancée dans la nuit, de l'animation de la place Jemâa El Fna.

La soirée à peine commencée, mille histoires orales et musicales de l'Afrique légendaire s'entrechoquent sur cette place. Elles ont voyagé pendant des siècles, déballées puis remballées chaque jour et chaque fois enrichies par la communion des

[2] médersa : Etablissement d'enseignement supérieur traditionnel dans les pays musulmans, en Afrique du Nord notamment, dans lequel on enseigne le droit, la théologie et la littérature.

conteurs et des auditeurs formant la halca[3]. Ces histoires-là ont puisé leur énergie au cœur des hommes. Leur force est telle qu'elles résistent à la modernité et surfent sans vergogne sur la transformation du monde.

J'ai aussi un grand faible pour le souk des apothicaires. Ses échoppes, disposées en carré autour d'une grande place, abondent de plantes médicinales, de parfums, d'épices odorantes et colorées en forme de pyramide de Khéops jamais ébréchées. J'essaie de déchiffrer les étiquettes des bocaux rangés sur les étagères des boutiques : on ne se sait jamais, un Aladin bienveillant pourrait vouloir m'offrir ce savoir traditionnel d'un coup de baguette magique.

Une odeur âcre flotte, j'approche du souk des teinturiers. Les hommes vivent là, auprès de leurs chaudrons dans des conditions matérielles d'un autre siècle. Tissus et laines macèrent dans des bains bouillonnants avant de sécher au soleil.

Les vendeurs, sans jamais se lasser, répètent à chaque touriste la même litanie :

– Viens voir les tissus pour le plaisir des yeux !

Un visiteur de la médina s'est arrêté devant deux jeunes hommes peignant des coffres en bois. Il me dit :

– La Médina est un trésor accumulé, si vous vouliez l'exposer, la place Jemâa El Fna n'y suffirait pas.

L'idée est surprenante, mais tellement vraie, et les pinceaux des jeunes artistes dessinent des arabesques qui s'enchevêtrent savamment comme pour continuer à amonceler le trésor de la Médina.

[3] halca : troupe de gens qui environne le conteur

Annette et Carole, qui étaient à El Kalaa dans le sud du Maroc, me rejoignent à Marrakech. Nous conduisons Carole à l'aéroport dès le lendemain matin.

La matinée est bien avancée lorsque nous quittons Marrakech pour le Sud.

La nuit est déjà tombée et la fatigue se fait sentir lorsque nous atteignons Ouarzazate. Encore deux ou trois heures à rouler avant El Kalaa. C'est le désert. La route se déroule puis s'enroule derrière la voiture comme un rouleau de zan. Nous approchons d'El Kalaa M'Gouna. J'essaie, la tête hors de voiture, d'apercevoir les célèbres roses de Damas. L'exercice reste vain, il faudra attendre le lendemain pour découvrir ces petites merveilles odorantes.

Il est tard lorsque nous sommes accueillies à la Kasbah Itrane tenue par les amis marocains d'Annette. Itrane signifie « étoile » en berbère : ce nom poétique m'envoûte. La Kasbah est perchée sur un pic rocheux. À perte de vue, le désert emprisonne la lumière de la lune et le silence. À nos pieds, l'Oued se heurte dans les contrebas de la ville et, pleine de sagesse, concède un tournant en épingle à cheveux comme un serpent rencontrant un obstacle. On devine une multitude de petits chemins blancs enserrant les jardins.

Fourbues, nous nous allongeons sur les coussins d'une tente berbère. Surprenante sensation offerte à mon corps d'être là, en ce lieu magique ouvert aux étoiles.

Il n'en revient pas, ce corps malmené comme une vieille voiture qui aurait dépassé tous les records de longévité sur des pistes cailouteuses après une première vie normalement asphaltée. Il reste ébahi de la douceur du petit vent du désert, du goût de la coriandre dans la chorba, du plaisir de s'allonger sur les coussins berbères pour siroter un thé à la menthe.

La nuit est bien avancée lorsque nous allons nous coucher dans la maison louée par Annette. Au matin, je découvre cette bâtisse neuve qui trône pompeusement avec ses deux étages au milieu d'un domaine agricole. Sur le côté gauche, l'ancienne ferme, et sur le devant un jardin potager avec une large rangée de menthe odorante. Des arbres fruitiers, des pruniers, des figuiers et des oliviers plantés dans quelques arpents de blé et de céréales clairsemés ont été gagnés sur le désert tout proche.

Je suis au pied du mur et expérimente grandeur nature la satanée devise :

« Voyager ou déprimer, il faut choisir ».

Je ressens dans mes tremblements et mes hésitations le chemin qu'il me reste à parcourir pour me retrouver. Ma demande de protection est immense et ma peur de ne pas l'obtenir encore plus.

Au réveil, je m'assois sur la terrasse. Chaque matin, le grand-père de la ferme vient soigner le jardin juste en contrebas, bien que la conversation soit succincte, les échanges sont fructueux. J'acquiesce sans relâche les commentaires sur le jardin et sur bien d'autres choses.

Un jour, le vieil homme est courbé sur la rangée de menthe, la "naana" en berbère. Je suis prise d'un fou rire lorsqu'il relève la tête pour le traditionnel "Salam alaykoum" parcequ'il porte des lunettes immenses avec une monture argentée. Je me reflète entièrement dans les verres opaques. En le félicitant, je lui demande de prendre une photo. Il accepte et prend la pose.

Petit à petit, un semblant d'assurance m'aide à quitter la maison et je me rends de plus en plus souvent au village pour faire des courses. Un matin, je décide de monter jusqu'à la Kasbah Itrane en traversant les jardins. Le chemin est bordé de buissons de roses de Damas, petites roses de quelques pétales et à l'odeur délicate. Les femmes les ramassent pour produire de l'essence et de l'eau de rose. J'essaie d'en cueillir une et j'ai bien du mal à couper la tige. Une faucille passe au-dessus de mon épaule et la fleur reste dans ma main. Je me retourne, une femme est là, presque à me toucher. Elle porte des vêtements colorés et usés. Son regard plonge dans le mien, il exprime à la fois de la crainte et de la curiosité. Je lui souris pour la remercier. Farouche, elle s'éloigne sans se retourner, ses pieds nus ont la couleur du henné : brun rouge. Elle a posé la faucille en équilibre sur son épaule pour mieux tenir un ballot d'herbe sur sa tête.

Les jours s'écoulent agréablement : repos, promenades et excursions. Avec Annette, nous découvrons la vallée du Dadès où nous rencontrons Zaïd. Il vit à Tineghir avec sa famille et accueille des touristes à son domicile. La formule me paraît être un bon compromis pour poursuivre mon chemin et gagner un peu plus d'autonomie.

Tineghir est à deux heures d'El Kalaa. Je monte dans le bus comme si je m'embarquais pour la traversée de l'Afrique en vélo, tremblante et vérifiant mille fois les mêmes détails : ai-je bien mon sac ? Où est mon billet ? Ma valise est-elle bien dans le bus ?

Je suis très bien accueillie par Zaïd et Fatma. Ils ont quatre fils et je m'accommode très bien de leur vie de famille. Zaïd, professeur, me fait découvrir la ville et ses alentours lorsqu'il ne va pas au lycée. Dimanche, nous passerons la journée dans les gorges du Tohar en famille.

Tôt, le matin, nous chargeons la vieille 205 : tapis et couvertures, ustensiles de cuisine, sans oublier la théière ni le kanoune, ce pot de terre traditionnel que l'on remplit de charbon pour cuire les aliments. Les gorges sont splendides. Des jeunes gens et des jeunes filles jouent de la musique, ils sont souvent venus de très loin, en vélo, en camion, en bus. L'ambiance est festive.

C'est un lieu de rencontre extraordinaire : les jeunes, les anciens, les familles, les touristes seuls ou en voyage organisé... Tous se côtoient avec bonheur et plaisir. De jeunes garçons et filles s'agglutinent autour de slameurs qui, au fil des inspirations, occupent le centre du cercle ainsi formé. Des groupes de musiciens rivalisent de rythmes qui font écho dans les gorges. Un professeur de judo enseigne quelques prises à des enfants. Le lieu et les gens regorgent d'énergie. Cette vallée est un creuset de vie. La vitalité ambiante me fait du bien et je la happe.

Nous avons installé notre campement tout près du Tohar sous des oliviers et des figuiers centenaires. Des lauriers roses sauvages profitent du mince filet d'eau de l'oued pour s'épanouir. Les femmes adorent s'y faire photographier.

Zaïd fait cuire le thé. Les couvertures et les tapis sur le sol ont été dépliés sur le sol, la petite table basse trône au milieu et le thé ne va pas tarder pas à être servi.

À l'appel de son père, Gugemheim, le troisième fils de la famille sort d'une flaque d'eau moyennement claire. Il parodie Moïse sortant des eaux à la Djamel Debbouze. La relève est assurée. De près, c'est encore plus drôle, il agite ses longs cils, la tête sur le côté, on dirait une girafe amoureuse. Nous rions tellement que j'ai l'impression que le tapis marocain, sur lequel nous sommes assis, bringuebale comme s'il voulait s'envoler.

Le chef de famille s'est maintenant attelé à la préparation du poulet à la marocaine. Il l'écrase dans les épices avant de le mettre à griller sur le kanoun[4]. Fatma joue du tambour.

Deux jeunes marocains et une occidentale s'installent près de nous. Les enfants leur apportent du thé. Après le repas, je fais la sieste avec le dernier fils, encore bébé. Zaïd et Fatma profitent de ce répit pour visiter quelques amis. Notre voisine de pique-nique rapporte les verres. Elle est allemande et nous échangeons quelques mots en anglais :

– Cela fait combien de temps que vous vivez avec cette famille nomade ? me dit-elle.

Très étonnée, je lui réponds :

– Ce ne sont pas des nomades, Zaïd est professeur au lycée de Tineghir.

L'histoire fera rire mes amis marocains et restera dans les annales. Tout est calme, je suis allongée près du bébé qui dort. Une question traverse mon esprit :

– Que faisait donc Mélusine la Poitevine, en 732, quand Charles Martel, son roi, combattait l'invasion des Maures ?

[4] kanoun : fourneau bas, en terre ou en métal, utilisé en Afrique du Nord, pour le chauffage ou la cuisson des aliments

L'incroyable amour de Mélusine et de Rachid le Maure

En bon sujet, Mélusine s'est ralliée à Charles Martel dès l'invasion des Maures. Seule femme chef d'un bataillon, elle a défendu Lusignan, sa ville, avec brio. Les Maures ont perdu la bataille et Charles Martel a donné neuf jours aux envahisseurs pour quitter le territoire poitevin.

Le soir est venu. Mélusine s'assoit sur son balcon et savoure sa victoire en contemplant la grande place de Lusignan. Les Maures vont et viennent, l'un d'entre eux, Rachid le Maure s'est entiché de la fière beauté de la Poitevine.

Depuis quelques jours et sans raison apparente, Mélusine se recouvre d'étoffes douces et câlines et ses cheveux poussent si vite qu'elle doit les relever sur sa nuque pour les maintenir. Raymondin, son malhabile mari, est persuadé d'être à l'origine de ces changements et il se fait plus pressant. La belle invente des maux pour le tenir à l'écart. Il accepte ses refus sans plus s'interroger.

La journée terminée, Rachid le Maure passe et repasse devant la fenêtre de la belle, l'allure hautaine et faussement détachée.

Il mène le jeu de l'amour comme une bataille, s'élance puis fait demi-tour et surprend Mélusine en apparaissant là où elle ne s'y attendait plus. Il s'approche peu à peu, l'entoure et ce soir, c'est l'estocade. Son cheval frôle le balcon et, à la hauteur de Mélusine, il tourne magistralement la tête et plante son regard dans celui de la belle. Elle suffoque, des rougeurs envahissent ses joues. Elle s'est levée mais ses jambes l'abandonnent. Émue, elle esquisse un sourire maladroit. Rachid la sait conquise, il s'offre le luxe de se détourner d'elle. Il jubile de la faire patienter encore un jour avant l'amour.

Mélusine ne décolère pas : « ridicule, j'ai été ridicule ».

Piquée au vif, le lendemain soir, elle se campe sur son balcon pour lui rendre sa rebuffade. Le cheval du Maure exécute un pas magnifique et élégant, ignoré des Poitevins, avant de s'arrêter net devant Mélusine. Debout sur les étriers, Rachid le Maure se penche et lui tend un bouquet de roses de Damas qu'il avait dissimulé dans son dos. Il lui offre sa beauté d'homme et, amusé, lui déverse un torrent de compliments en arabe, la belle rit. Elle, si retenue habituellement, arrache un morceau de dentelle à son corsage et, provocante, le jette au visage du Maure. Il le saisit et le presse sur son cœur. Six jours et six nuits, voilà ce qui leur reste pour vivre leur amour.

Le premier jour, ils se retrouvent loin de la ville près d'un moulin. Leur passion est si forte qu'ils ne la cachent pas quand le moment est venu de retourner à Lusignan. Leurs deux chevaux avancent côte à côte. Tous se taisent, elle est trop fière et l'on craint le Maure. Raymondin est désespéré. Il s'est plongé dans une profonde mélancolie en s'enfermant chez son père.

Au troisième jour avant le départ du Maure, les amants se disputent pour la première fois. Rachid exige de Mélusine qu'elle parte avec lui. Elle refuse, trop attachée aux siens et à sa ville. Cette dispute ravage leur amour. Ce n'est que tard dans la nuit que leur colère s'apaise et qu'oubliant la proche séparation, ils se délectent l'un de l'autre dans leur couche.

Le huitième jour, les Maures se rassemblent aux abords de Lusignan, les campements se gonflent d'hommes, les préparatifs du départ vont bon train. Les amoureux s'aiment et ne se préoccupent que d'eux-mêmes. Ils sont enflammés d'amour et l'idée de se quitter est devenue insupportable.

Le dernier jour arrive. Les Maures, dès l'aube, plient leurs campements. Dans la chambre de Mélusine, Rachid promet de revenir dès que ses troupes seront à l'abri derrière les Pyrénées.

C'est Mélusine qui a gagné le doux combat.

Midi, les troupes Maures se mettent en marche et traversent la grande place. Rachid le Maure apparaît, stoïque, en tête de son bataillon. La population locale, rassemblée aux abords de la place, galèje les vaincus.

Mélusine est héroïque, pas le moindre regard échangé. Rien ne transparaît de la déchirure ressentie par les deux amants. Cependant, un vilain petit démon chantonne sans relâche à l'oreille de la jeune femme amoureuse :

« Il s'en va ! Il s'en va ! Il s'en va ! ». Excédée, elle le chasse d'un revers de manche.

Le fier guerrier franchit maintenant la porte principale de la ville. Sans en comprendre la raison, il lance son cheval au galop dans la campagne. L'allure est infernale, à se rompre le cou. Les monts et les vallées défilent, il étouffe sa souffrance. Brusquement, il arrête son cheval, en descend, sort son poignard de son fourreau et à genoux, se l'enfonce dans le cœur. Pas un cri, le sang s'étale sur sa poitrine comme un plastron d'amour.

Mélusine a ressenti une violente douleur et le petit démon, transformé en diable, lui arrache le cœur. Elle court à perdre haleine vers la plus haute tour de la ville. Au sommet, elle s'élance dans le vide pour, croit-elle, rejoindre l'âme de son bien-aimé. Un cri inhumain envahit le ciel, deux magnifiques ailes blanches ont jailli du dos de Mélusine. Elle vole et cherche à s'unir à son amour : son vœu restera vain pour l'éternité.

Voilà pourquoi, depuis l'an 732, et chaque fois que Dieu rappelle un homme auprès de lui, Mélusine s'envole pleine d'espoir et d'amour.

Remerciements

Je remercie les médecins et les personnels soignants du service d'hématologie du centre hospitalier Haut Lévêque de Pessac pour leur patience, leur profonde humanité et leurs compétences.

J'adresse aussi ma reconnaissance aux médecins traitants, aux infirmières à domicile, aux ambulanciers pour leur soutien au quotidien.

Et j'exprime ma profonde gratitude à Ninon et Yacine, à Maïté et Didier, à Monique et Marlène, à Isabelle, à Christiane, à Marie, à Nicole et Jean, à Elie et Corinne, à mes collègues, à Arlette, à Élisa, à Christine, à Mireille et Pierre, à Gilles et Madeleine, à Zaïd et Fatma.

©2017, Aimée Garneret

Éditeur : BoD -Books on Demand,

12/14 rond-point des champs Élysées, 75008 Paris

Impression : BoD – Books on Demand, Allemagne

ISBN : 9 782322 0837 01

Dépot légal : sept 2017